+A REINVENÇÃO DO PROFISSIONAL

SEJA HOJE O PROFISSIONAL DO SEU FUTURO

CB014116

ALÊ PRATES

+ A REINVENÇÃO DO **PROFISSIONAL**

SEJA HOJE O PROFISSIONAL DO SEU FUTURO

1ª edição

BestSeller

Rio de Janeiro | 2021

CIP-BRASIL. CATALOGAÇÃO NA PUBLICAÇÃO
SINDICATO NACIONAL DOS EDITORES DE LIVROS, RJ

P925r

Prates, Alê
    A reinvenção do profissional: seja hoje o profissional do seu futuro / Alê Prates. – 1. ed. – Rio de Janeiro: BestSeller, 2021.

ISBN 978-65-5712-179-5

1. Profissões – Desenvolvimento. 2. Orientação profissional. I. Título.

21-73507
    CDD: 650.14
    CDU: 331.548

Meri Gleice Rodrigues de Souza – Bibliotecária – CRB-7/6439

Texto revisado segundo o novo Acordo Ortográfico da Língua Portuguesa.

Copyright © 2021 by Alexandre Prates
Copyright da edição © 2021 by Editora Best Seller Ltda.

Editoração eletrônica: Abreu's System
Design de capa: Renan Araujo

Todos os direitos reservados. Proibida a reprodução, no todo ou em parte, sem autorização prévia por escrito da editora, sejam quais forem os meios empregados.

Direitos exclusivos de publicação em língua portuguesa para o mundo adquiridos pela
Editora Best Seller Ltda.
Rua Argentina, 171, parte, São Cristóvão
Rio de Janeiro, RJ – 20921-380 – Tel.: (21) 2585-2000,
que se reserva a propriedade literária desta obra.

Impresso no Brasil

ISBN 978-65-5712-179-5

Seja um leitor preferencial Record.
Cadastre-se e receba informações sobre nossos lançamentos e nossas promoções.

Atendimento e venda direta ao leitor:
sac@record.com.br

Sumário

Agradecimentos 7
Prefácio 9
Introdução 25

Parte 1
Mergulhando na reinvenção... 47
Panorama de carreira: o profissional no novo mundo 69

Parte 2
O mundo corporativo do futuro? Não, do presente! 79
   Primeiro estudo 81
   Segundo estudo 108
   Terceiro estudo 115
As quatro inteligências do profissional da nova era 125
Permita-me dar alguns conselhos 167

Conclusão 175

Agradecimentos

Sem você seria impossível

Escrever um livro em meio a uma pandemia foi um dos maiores desafios da minha carreira e da minha vivência. Tive que reinventar meus negócios, minha atuação como palestrante e toda minha vida. Foi intenso e, por vezes, assustador. Eu sou, porém, muito privilegiado: tenho você.

Letícia, você foi (e continua sendo) o meu porto seguro. O seu apoio me encorajou, e permitiu que eu enfrentasse os desafios que o mercado me apresentou nos últimos meses.

Cuidar da nossa filha, da família, da nossa carreira e, ao mesmo tempo, lidar com as aflições de uma pandemia não foi uma tarefa simples para nós, mas teria sido impossível sem a sua força, a sua maturidade, o seu amor. Eu te amo!

E você ainda me presenteou com a nossa Larinha, nossa fonte de inspiração e propósito diários. Com vocês ao meu lado, não tenho medo de nada! Amo vocês!

Prefácio

Fiz questão de manter o prefácio original, redigido em 2009, pois nunca foi tão atual, provocando em cada um de nós uma intensa reflexão sobre o mercado e o profissional contemporâneo.

O livro

Pela ousadia de perscrutar o presente, os depoimentos constantes neste livro são de grande valia para os que estão sendo ou pretendem ser desafiados pelo mundo corporativo. Por meio de variadas fontes, o leitor terá, à sua disposição, visões ricas e diversas de gente que domina o assunto. Algumas delas divergem entre si, aumentando o valor do conjunto — nada mais saudável que a diversidade de percepções; seria repreensível se ofertassem opiniões uníssonas.

A leitura oferece esboços de cargos futuros, que poderão inspirar currículos de cursos técnicos, universitários, de MBAs, de programas de treinamento continuado e de universidades corporativas.

A reinvenção de fora para dentro

Mas a contribuição deste livro vai um pouco além do lugar-comum da aposta sobre o que exigirá o futuro. Algumas dúvidas talvez sejam necessárias nesse terreno que tantos querem pavimentar de certezas. Uma delas questiona a gênese das nossas contribuições: se fórmulas são fornecidas ao profissional, o pressuposto é de que ele esteja concentrado em suas tarefas e dependa de terceiros, certo? Nesse caso, a pergunta que desconstrói é: pode ser competente aquele que precisa que outros lhe digam qual deva ser a sua competência? Nela, o que chama a atenção é a direção do fluxo, de fora para dentro. De fato, estamos falando do tipo de profissional cujas habilidades e competências são "prescritas" pelo "mercado" ao indivíduo, para que ele atenda às necessidades da empresa. Ao deixar-se conduzir pelas correntes desse fluxo, submetendo-se ao molde que vem de fora, o indivíduo represa a sua autonomia e delega a autoria de si mesmo.

Em muitas atividades, as coisas não funcionam assim: os profissionais definem as funções que desejam exercer, e as competências que lhes são necessárias são inspiradas pela concepção de futuro que constroem. Eles estabelecem um ponto no futuro que desejam alcançar, um sonho, e, a partir daí, buscam os saberes necessários para se chegar lá. O fluxo, nesse caso, é inverso ao anterior: é de dentro para fora. Do indivíduo para o mercado.

Da reinvenção do médico, quem cuida? E da atualização do pesquisador, do advogado ou do dentista? Todos eles têm autonomia total no exercício de sua especialidade. Na cirurgia, o médico é soberano, decide sobre a aplicação de tecnologias, os procedimentos, assume os riscos; no tribunal, a liberdade do advogado é a sua força; na pesquisa, o acadêmico define o que, por que e como fazer; ele está no comando. O profissional a que dedicamos este livro, empregado de empresas, é um tipo peculiar. Para entendê-lo, temos que perscrutar a essência do ambiente que lhe dá vida e movimento: a empresa.

A lógica da atividade empresarial

A moderna empresa de hoje tem os mesmos fundamentos daquela do século XIX. Em ambas, a essência é gerar um produto (ou um serviço, ou, ainda, os dois) e entregá-lo a quem esteja disposto a pagar por ele um valor (no seu conjunto), viabilizando a operação.

O ator central tanto nas empresas do Barão de Mauá como nos atuais gigantes de alta tecnologia é o mesmo: o cliente e tudo o que gira em torno dele — incluindo a necessidade de seduzi-lo com inovações e os meios para se acessá-lo.

Claro que, como tudo no mundo, o cliente se transforma velozmente. A mesma pessoa, durante a sua vida, tem diferentes preferências e exigências — os meios mudam, a lógica empresarial permanece. Em todas as áreas, a velocidade das mudanças bate recordes. Mesmo assim, os cursos de formação profissional ainda utilizam parâmetros que funcionavam bem no tempo em que as mudanças eram lentas.

A industrialização gerou empregos em quantidades jamais vistas e elevou a qualidade de vida de milhões de pessoas por meio da oferta de produtos antes inexistentes ou inacessíveis. Em resposta à necessidade de profissionais de todos os níveis que pudessem fazer andar os mecanismos industriais, o sistema educacional manifestou-se prontamente, oferecendo a formação que o "mercado" exigia. A descrição de cargos da indústria passou a influenciar o currículo de cursos profissionalizantes, tanto universitários como técnicos. Ao tornar abundante a oferta de mão de obra, o sistema regula os seus preços e os mantém em patamares desejáveis.

Durante boa parte do século XX, o que o engenheiro aprendia na escola tinha validade para toda a vida. No Brasil, a cerimônia de conclusão de um curso de graduação chama-se formatura; nos Estados Unidos, *commencement*, metáfora que remete à ideia de um futuro a ser construído, e não moldado por uma competência. A educação continuada era prática pouco difundida quatro décadas atrás. O indivíduo que hoje entra na universidade atuará profissionalmente até o ano de 2070. E adivinha quais as competências necessárias para esse indivíduo..

O especialista

Na industrialização, a segmentação dos processos fez surgir nas empresas (e fora delas, em todas as áreas do conhecimento) um personagem: o especialista que não conhece o cliente.

O microempreendedor (o artesão engolido pelo início da era industrial) dominava todo o ciclo: prospecção mercadológica, atração e sedução do cliente, design do produto, inovação, gestão de insumos, tecnologia e equipamentos de fabricação, vendas, assistência pós-venda etc. O especialista de hoje — a quem, diga-se de passagem, devemos os grandes avanços em todas as áreas — consegue profunda verticalização nos conhecimentos no seu campo de atuação, mas raramente é exposto nas corporações às demais variáveis que definem o sucesso ou o fracasso da atividade empresarial.

Poucos empregados corporativos têm a chance de conhecer e lidar com o astro da história: o cliente. Hoje, isso se transformou em um ponto fraco. Talvez por essa razão, por não ter uma visão do todo, o profissional de que falamos tenha a necessidade de que o seu perfil seja definido por terceiros.

Quando a comparação ensina

Luzes adicionais sobre o tema podem advir da comparação entre modelos mentais que definem o empreendedor e os empregados no mundo corporativo. Todos estão convencidos de que são esferas e dimensões diferentes. O que poucos sabem é que as diferenças são abissais.

Na vida do empreendedor, a reinvenção é a regra, a rotina, a razão de ser. Antecipar e absorver mudanças são atributos do empreendedor; ele sobrevive, se conseguir se transformar na mesma velocidade do setor em que atua.

Terá maior sucesso, se mudar mais rapidamente. Em outras palavras, a reinvenção de si mesmo é um processo orgânico do empreendedor — é uma questão de vida ou morte. Seria um disparate chamar terceiros para indicar-lhe o futuro. Essa tarefa é exclusiva dele.

Qual a especialidade do empreendedor? Diferentemente do especialista que domina tecnologias, processos e práticas no estado da arte, o empreendedor é um especialista naquilo que não existe. O empreendedor se define pela forma como vê o futuro. O seu olhar para o mundo é o seu maior capital. Para isso, para ver o que outros não veem, ele conta com a sua diversidade individual, menosprezada nos processos de treinamento na escola e na empresa, onde o intuito é a uniformização de saberes.

Quem tentar elaborar a descrição do cargo de "empreendedor" estará se arriscando ao exercício do exagero. Os dizeres do anúncio de recrutamento talvez pudessem ser algo como "Precisa-se de empreendedor, indivíduo capaz de desempenhar com eficácia as seguintes funções: identificar oportunidades, inovar para gerar produtos/serviços que as atendam, captar e gerenciar os recursos necessários (humanos, tecnológicos, de gestão etc.), investir e correr os riscos, escalar vendas a preços compatíveis, gerar lucros líquidos que remunerem condignamente os acionistas e viabilizem reinvestimentos que garantam a competitividade". Quem não deseja um empregado com esse perfil? Será que o empreendedor responderia a esse anúncio de emprego? Se isso acontecesse e ele fosse contratado, três situações seriam possíveis: ele sairia do emprego; transformaria a empresa; ou entorpeceria o seu espírito empreendedor. Além de fantasioso, há outro motivo para esse anúncio não ser feito: tal cargo está sempre ocupado.

O empreendedor sobreviveu muito bem ao longo dos séculos sem necessitar de alguém que lhe ensinasse as suas funções ou as reinventasse. Com desprezíveis exceções (em termos quantitativos), os empreendedores que hoje estão na ativa não fizeram cursos de empreendedorismo. Mesmo porque os poucos existentes surgiram no Brasil há menos de duas décadas. O envolvimento da academia, em todo o mundo, teve início há cerca de quatro décadas.

Problemas congênitos na relação de emprego

Teóricos e práticos, mais estes do que aqueles, construíram e aprimoraram, nos últimos cem anos, uma forma de fazer que mudou a face do mundo: os conteúdos reunidos sob o título de administração de empresas ou gestão. Nenhuma contribuição à produtividade e à competitividade é maior do que as inovações nessa área. No entanto, no que diz respeito à inserção do homem no trabalho sob a forma de emprego, o que houve foi um avanço cosmético. A interface homem-empresa, inspirada ainda no modelo industrialista de emprego, continua a produzir dramas existenciais.

Tratado pelos economistas como fator de produção, pelos administradores como mão de obra e pelos contadores como custos, o trabalho humano sob a forma de emprego mostra sintomas dos problemas que surgiram desde a sua concepção. A lista é grande, mas três disfunções orgânicas — capazes, cada uma por si, de comprometer a sua liberdade — dão a dimensão do grau de terminalidade do empregado-paciente: desequilíbrio de poder entre empregado e empregador; estruturas fortemente hierarquizadas; e a imposição da ruptura entre emoção e trabalho. Talvez, por perceber a sua fatalidade inelutável, os especialistas tenham se limitado a mitigar o sofrimento do paciente e tentado, mesmo nessa condição adversa, extrair dele, em seus estertores, algo precioso para os resultados da empresa: a motivação. É verdade que alguns teóricos fizeram tentativas de combater alguns desses males. Por exemplo, os humanistas com muita razão contestaram aquele que Peter Drucker chama de um dos gênios do século passado: Frederick Taylor.

Na teoria, os pós-tayloristas demonstraram que, ética e ecologicamente, não é aceitável dividir o conjunto dos empregados entre aqueles que pensam e os que fazem; os que mandam e os que obedecem; os que operam e os que criam. No entanto, em graus diferentes de intensidade, as empresas em sua maioria continuam tayloristas. Não por falta de propostas, e sim porque o germe de liberdade nelas contido dificulta a sua implantação. Além do mais, o taylorismo, que gera eficácia em todos os fatores de produção, tem como único pecadilho dar pouco espaço à felicidade no trabalho, o que, em termos de resultados empresariais, até então não chegava a ser um problema ameaçador. Agora, sim, na era da inovação, é um estorvo, como veremos a seguir.

Há um imbatível elemento que dá consistência a essa relação: pior que o emprego é o desemprego. A maior promessa do empregador — jamais dita, mas entendida em todas as letras — é que, se o empregado não se comportar bem, será demitido. Como resposta ao desastre que representa a falta de emprego, a sociedade, por meio da mídia e das escolas, dedica-se ao encômio desse modelo de relação de trabalho. De fato, se para os empregados os resultados trazem insatisfações, para as empresas não se poderia dizer o mesmo. Pelo contrário, o grau de eficiência no uso da mão de obra tem sido um importante vetor de desenvolvimento. Revistas da área de *business* atuam como forças da permanência, corroborando a falsa crença de que o empregado está no melhor dos mundos. Dicas que vão desde a melhor forma de se vestir no trabalho até técnicas de elaboração de currículos e maneiras de se conviver em harmonia com os chefes mantêm a roda girando, mas sempre na mesma estrada.

A aposentadoria

A aposentadoria precoce faz parte desse contexto. O descarte prematuro do empregado, motivado geralmente por políticas de redução de custos, é nocivo à sociedade, à economia, aos próprios aposentados. Os fundamentos da aposentadoria (no Brasil é importante distinguir aposentadoria de proteção ao idoso) acabam sendo um elogio à negação do trabalho. Os que amam o que fazem não querem se aposentar. Escritores, atores, músicos e empreendedores permanecem em atividade, não importa a idade, já que para eles o trabalho é fonte de prazer. Mas os fundamentos do trabalho em nossa sociedade o associam a algo negativo.

Além de não enxergar o trabalho como uma manifestação de afeto, de coesão comunitária, a sociedade se habituou a dar valor àquele que consegue dinheiro sem trabalhar.

Os mantras da dependência

O desequilíbrio de poder na empresa tem o seu mantra, diuturnamente difundido, cuja veracidade é atestada pelos empregados antigos que já sofreram as suas consequências: "Manda quem pode, obedece quem tem juízo."

Além da hierarquia e de poderes desiguais, outra debilidade congênita — a ruptura entre trabalho e emoção — contribui para a fragmentação do ser humano, induzido a se desdobrar em duas pessoas: uma no trabalho e outra fora dele. O seu mantra é o anátema que todos já ouviram ou de que foram vítimas: "Você está misturando assuntos pessoais com profissionais." Na empresa, a emoção é vista como algo que corrói a produtividade. O biólogo chileno Humberto Maturana diz que no trabalho sob o modelo industrialista não há relações sociais, porque o objeto central não é o ser humano, e sim o produto. Tanto é assim, diz ele, que homens são substituídos por máquinas. Esses refrãos são adequados aos tarefeiros e executores de rotinas. Tiveram seu auge no período em que as economias se orientavam pela busca da eficiência, no conceito de Michael Porter. São úteis para se escalar com competitividade (o que não é pouco), mas não são consentâneos à era da inovação. A mesma emoção que é perniciosa às operações repetitivas é a fonte de energia para os que inovam. As organizações logo presenciarão modelos que irão recuperar a convivência íntima entre emoção e trabalho. O ambiente corporativo que não oferecer liberdade para a manifestação da criatividade correrá o sério risco de perecer. O ser humano que se submete ao trabalho sem emoção renuncia ao protagonismo, entrega a terceiros a autoria e a gestão da própria vida. Mais do que isso, abre mão da maior aventura dos humanos: a capacidade de conceber o futuro e transformá-lo em realidade.

A liberdade para cometer erros, a emoção sem restrições — matérias-primas da construção de elevada autoestima — são os gatilhos para a manifestação do potencial empreendedor. Crenças da nossa sociedade nos ensinam equivocadamente que a felicidade está fora do trabalho. Trabalha-se para viver, diferentemente do que praticam os países prósperos, onde as pessoas vivem para trabalhar. Ainda assim, as empresas querem mobilizar não só as competências, por meio da motivação, como também desejam a paixão, ao exortar os empregados a "vestirem a camisa". Muitas vezes têm sucesso, mesmo diante da única certeza com que o empregado convive: um dia será demitido. Sabemos que a dedicação e a competência são oferecidas pelo empregado consciencioso sob quaisquer condições, porque ele não abre mão da sua respeitabilidade.

Reinvenção do empregado ou da empresa?

Não se reinventa o profissional sem que se altere o etos da empresa. A organização metaboliza todos os seus integrantes, sejam quais forem as suas origens e personalidades, e os impregna com a sua cultura. Sendo sistemas que buscam o equilíbrio, as empresas são dotadas de equifinalidade: todos os seus componentes trabalham na mesma direção para garantir o seu funcionamento ideal. Disfunções das partes ameaçam a harmonia do todo. Empresas investirão em mudanças internas necessárias à geração de inovação somente quando forem obrigadas a isso, ou seja, quando se tornar evidente que a inovação é essencial à sua sobrevivência. Não estará distante o dia em que as empresas trabalharão com uma cultura em que haja elevado estoque de capital social, a emoção não seja reprimida e os poderes de empregador e empregados sejam equilibrados, com uma estrutura que se pareça mais com uma rede (que, sob os olhos de hoje, mais parecem quimeras) do que com uma forte hierarquia, se nos dedicarmos desde já à tarefa de dar o primeiro passo em direção às mudanças. Será sábia a empresa que criar as condições para que o próprio profissional se reinvente sem vínculos de dependência. A sua principal qualificação será a capacidade de identificar as demais competências necessárias. O empregado será capaz de conceber o futuro que deseja e construir os seus caminhos para chegar lá.

Passado ou futuro, o que é mais importante no profissional corporativo?

O passado é importante, mas o futuro é decisivo e contém o que realmente importa. O passado nos dá algumas informações sobre conhecimentos tecnológicos datados, a personalidade, o teor das relações experimentadas, situações vividas e as reações a elas. Negar a pessoa pelo seu passado pode ser também uma armadilha, porque seres humanos não têm um comportamento linear e costumam aprender com os próprios erros. Muitas vezes, erros identificados na vida do candidato a emprego significam um profundo aprendizado e não necessariamente uma desvantagem. Não podemos esquecer que ninguém deve se submeter ao seu passado e deixar-se vitimar por ele. Como o futuro, o passado também não existe e pode ser reinventado. A concepção de futuro apresentada pelo indivíduo nos revela sua forma de ser, a sua energia, emoção, ambição, os seus sonhos, a sua performance potencial. São esses os aminoácidos dos quais a empresa precisa. Para se desvelar o futuro, o *curriculum posteri* (currículo do futuro) é o instrumento adequado. A pergunta da velha cultura "O que você sabe?" deve ser complementada pelas perguntas jamais feitas em nossa sociedade: "Quem você é?" e "Qual é o seu sonho?". A forma de ser define o que e como aprender.

O empreendedor procura continuamente o conhecimento (estratégias, tecnologias, redes de relações, entendimento do setor de atuação etc.) necessário à realização do seu sonho. Para construir protagonismo e autonomia, ele busca o autoconhecimento, sempre levando em conta o que sabe que sabe e o que sabe que não sabe. A sua maior fraqueza está naquilo que não sabe que não sabe. Por isso anseia pelo feedback. Além de conhecimentos da sua especialidade, o profissional deve estar preparado para compreender a complexidade do mundo que pulsa depois do portão da rua, onde tudo acontece, onde estão as oportunidades e os lucros.

Especialistas são essenciais e devem dedicar-se cada vez mais aos seus ofícios, mas é indispensável que sejam capazes de compreender o que se passa à sua volta, entender a dinâmica da sociedade e do mundo em que vivem. O profundo conhecimento do setor no qual a empresa atua é mais importante que o saber do especialista em determinada área. Desse saber cuida muito bem o sistema educacional que trata de disseminá-lo, gerando a abundância que diminui os custos da mão de obra. Mas não está nos livros nem na sala de aula a fonte de conhecimento sobre como funciona o negócio — esse saber se deixa decifrar somente pela vivência. Não é por outra razão que, à medida que a empresa cresce, o empreendedor-líder se afasta dos temas essencialmente técnicos, do como fazer, para se dedicar à essência do seu trabalho, para identificar oportunidades. A harmonia e a fluidez das relações dentro da empresa são importantes para se manter a operação, mas as conexões com o ambiente externo são estratégicas para a sobrevivência e o desenvolvimento da empresa. O empregado no ambiente hierarquizado estabelece poucas relações. Uma delas, com o seu superior, além de lhe tomar quase toda a sua energia, o isola e o empobrece, porque traz a sinalização "não ultrapasse, o chefe é o limite". A hierarquia e o desequilíbrio de poder causam a irrefreável compulsão de satisfazer a vontade do chefe.

O nosso profissional se prepara para estabelecer múltiplas interfaces fora da empresa. Estatísticas mostram que o emprego é uma grande fonte de ideias para empreendedores emergentes. Normalmente, esses empreendedores em potencial pedem demissão para abrir a própria empresa. Uma das formas mais efetivas de se aproveitar as ideias geradas dentro da corporação é o estímulo ao *spin-off*, em que novas empresas são geradas a partir da empresa-mãe, em condições de menores riscos. "Incubadoras" internas podem preparar os empregados para assumir a direção da nova empresa.

Essas rápidas reflexões têm por objetivo preparar o paladar do leitor para as entrevistas imperdíveis deste livro. Bom proveito!

Fernando Dolabela — Autor de *O segredo de Luísa*

Introdução

É muito bom saber que dividiremos esta intensa reflexão sobre a sua reinvenção. E quando eu digo que dividiremos não é exagero, pois a cada provocação proposta aqui, certamente, você será confrontado com as suas convicções, concordará ou contestará as minhas e chegaremos a uma equação evolutiva inevitável: 1 + 1 = 3. As minhas percepções somadas às suas resultarão em uma nova percepção. Isso é mágico!

Este livro é muito mais do que um livro, é um bate-papo franco e direto sobre os novos rumos do mercado e, principalmente, sobre os seus rumos profissionais.

Muito prazer, meu nome é Alexandre Prates, mais conhecido como Alê Prates, e vou conduzir você nessa jornada curta, rápida e direta — mas, posso garantir, impactante e reveladora. Quero começar dizendo que eu tenho duas notícias: uma boa e uma ruim. A notícia boa (na verdade, ótima) é que o mercado está se reinventando e vai ter muita oportunidade para quem também se reinventar; a má notícia é que o mercado está se reinventando e as oportunidades para quem não se reinventar serão cada vez mais restritas. A decisão é sua!

Reescrever este livro é, de alguma maneira, reescrever a história da minha vida. Eu me lembro bem de quando comecei a escrever sobre esse tema em 2009. Eu era um jovem de 28 anos, recém-saído da minha carreira executiva e iniciando o sonho de construir a minha carreira como palestrante e escritor. Aquela época não foi fácil, estava muito longe do que vivo hoje, mas o desejo de contribuir com o leitor era o mesmo de agora.

Em 2009, a ideia era, de alguma maneira, elucidar o leitor sobre o mundo corporativo do futuro, as tendências profissionais e de transformação das organizações. Então, tive a ousadia de procurar, convidar e entrevistar cinquenta grandes líderes do mundo corporativo, de diferentes setores empresariais, e perguntar a eles sobre o futuro. O resultado foi um conjunto de respostas diversas e instigantes. Desvendamos o futuro? Sinceramente, não. Mas as reflexões conquistadas mexem até hoje com muita gente. Mais de uma década depois, *A reinvenção do profissional* é a minha palestra mais contratada. E sabe por quê? Porque ela instiga as pessoas a tomarem a decisão de fazer o que precisa ser feito hoje, pois apresenta a realidade do mercado, incomoda e mobiliza as pessoas para a necessária mudança.

Portanto, o livro também fará isso de forma prática e sem firulas. A cada capítulo, uma nova provocação e uma boa conversa.

Por que eu falo sobre reinvenção?

Enquanto você lê estes primeiros textos, deve estar se perguntando: *Mas quem é esse cara para falar sobre reinvenção do profissional? Quem é esse cara para me dizer qual é esse novo mercado?* Eu conto: esse cara é alguém que lá em 2009 lançou um livro chamado *A reinvenção do profissional*; veja só: há 11 anos, lancei meu primeiro livro com esse tema. E, nesse livro, eu tive a honra de contar com a ajuda de diversos líderes, especialistas, profissionais de mercado, os quais eu entrevistei um a um. Eu sabia que sozinho não teria todas as respostas. Então, reuni dezenas de profissionais e perguntei a todos eles: "Como será o mundo corporativo do futuro?", "Quais são as novas competências profissionais?". E a gente descobriu muita coisa interessante, que eu relatei no livro. Muitas coisas aconteceram, muitas não aconteceram, mas sabe o que mais este livro me ensinou? Que não há fórmula, que não há modelo mágico, que não há padrão de sucesso e que qualquer pessoa que tenta descobrir o futuro está especulando. Então, neste livro, o que eu não fiz foi tentar desvendar o futuro, mas sabe o que eu descobri? Que muito mais importante do que falar sobre o futuro é abrir os nossos olhos para o presente que estamos negligenciando. O que importa mesmo é nos apropriar das transformações que estão diante de nós e não estamos enxergando. Este livro tem a missão de falar sobre o presente, a necessidade e — o mais importante — que nós temos de nos reinventar. Basta despertarmos a coisa certa, basta recebermos o incômodo certo, aquela provocação assertiva que essa reinvenção tem a tendência de despertar. O mercado já vem nos acordando para isso. O mundo, a nova economia, as novas tecnologias, as novas relações de trabalho etc. já vêm nos incomodando para essa transformação. E este livro vai ajudar você a olhar para o mercado de uma forma diferente. Então, se ao fim destes capítulos, você se sentir provocado e transformado, missão cumprida.

11 de agosto de 1997: essa data diz alguma coisa para você? Para mim, muito. Foi a primeira vez na minha vida em que eu senti orgulho de mim, da minha existência. Essa foi a data do meu primeiro registro profissional na minha carteira de trabalho — eu já não a uso há muito tempo, mas eu a guardo comigo até hoje. Nessa data, fui contratado por uma seguradora na zona sul de São Paulo para ser office boy. Como essa profissão não existia, no registro consta como contínuo. Eu ganhava exatamente R$ 263 por mês, o salário-mínimo daquela época, há quase 25 anos. Iniciava ali a minha trajetória profissional. Eu, filho de uma empregada doméstica e de um metalúrgico; ambos ganhavam muito pouco e era isso que sustentava a nossa casa. Nunca passei necessidade, mas já passei muita vontade; talvez tenha sido daí que surgiu a minha ambição. Só que, entenda: ambição dentro daquilo que eu poderia ter naquele momento, ambição de poder ter um tênis melhor, uma roupa melhor, de não depender mais dos meus pais.

Minha mãe trabalhava muito e o meu pai também; ambos andavam de ônibus para cima e para baixo, mas eu nunca os ouvi reclamar do trabalho, e isso me ensinou demais, pois me fez enxergar o trabalho sempre como algo positivo.

Quando consegui esse emprego, houve uma grande comemoração na minha família: eu fui motivo de orgulho para todo mundo lá em casa. Não importava a minha profissão, a única coisa que importava é que eu estava trabalhando, ingressando no mercado. E eu vou confessar uma coisa: eu tinha muito orgulho de ser office boy, muito orgulho mesmo, adorava me sentir verdadeiramente útil.

Eu pegava exatamente quatro conduções para ir trabalhar e quatro para voltar todos os dias. Eu morava em Santo André, era muito longe, tinha ônibus, metrô, trem... E, quando chegava ao trabalho, pegava minha pastinha com os documentos e ia para a rua fazer as entregas. Ao fim do dia, voltava para a empresa e pegava quatro conduções para casa. E ainda ia para a escola: na época, eu cursava o segundo colegial, ou seja, uma vida muito dura, muito intensa, mas eu amava trabalhar, de verdade; era um orgulho para mim.

A pergunta que eu faço é: por que a maioria das pessoas, hoje, não valoriza o trabalho que tem? Por que elas não se entregam ao trabalho que conquistaram? Por que não existe mais orgulho pela profissão e pela carreira? E isso não é apenas uma impressão minha, faça o teste você mesmo. Quantas pessoas do seu ciclo social e familiar estão satisfeitas com o trabalho?

Quando você conversa com pessoas que hoje estão no mercado, a impressão é de que o trabalho é um fardo, é algo pesado. A maioria das pessoas que conhecemos agradece quando chega o feriado, estão loucas por aquele momento. Não há nada de errado com isso; a questão não é você aproveitar o feriado, a questão é você nunca mais querer voltar a trabalhar.

Muitas pessoas estão vivendo/encarando o trabalho, a vida profissional, como um mal necessário. A grande questão é que elas precisam separar o trabalho da carreira. São duas coisas diferentes: o trabalho vai direcionar para uma carreira bem-sucedida ou não. O seu trabalho hoje pode ser um grande ativo para alavancar sua carreira, mas também pode ser um grande sabotador para travá-la. Vai depender da maneira como você se relaciona com ele.

Quando era office boy, eu ganhava pouco. Possivelmente, era a pessoa que mais trabalhava naquela empresa: além de fazer todo o serviço que me davam, ainda fazia favores para todo mundo, desde os mais simples, como tirar uma fotocópia, até os mais ousados. Eu me lembro até hoje de ter ficado, por dois dias seguidos, na casa do meu chefe porque ele estava trabalhando e precisava de alguém em casa para receber os móveis que chegariam lá.

O trabalho e a maneira como você se relaciona com ele vão determinar a sua carreira. Preciso dizer a você que cada etapa do seu trabalho cotidiano, inclusive essa em que você está, pode fazer a diferença para a sua trajetória profissional. Portanto, precisamos falar de orgulho, trajetória, novos rumos e o mais importante: como você conseguirá, por meio de ações simples, migrar para uma grande escada profissional.

A nossa escada começa sempre no primeiro degrau, mas a gente esquece que o topo é conquistado assim, degrau por degrau. Sim, muitos podem vender para você uma coisa diferente, com promessas diferentes (ilusórias), mas não tem atalho: uma carreira profissional começa com o primeiro degrau e ele se chama estado atual. Onde você está. Quero mostrar que o seu estado atual é determinante para que você alcance os próximos passos do seu caminho. Tenho certeza de que, ao fim deste livro, você vai ter outra visão sobre a sua carreira, sobre o seu trabalho e sobre a sua trajetória.

Seja o melhor office boy que você puder ser!

Março de 1998. Foi uma data muito feliz na minha carreira: *1º de março de 1998, Alexandre, promovido a assistente administrativo*. Isso mesmo: aquele office boy que começou a carreira no ano anterior foi promovido a assistente administrativo, passando a ganhar R$ 420. Que maravilha! Fiquei feliz demais, comemoração total em casa, afinal, aquele menino entendeu qual era o caminho para saltar do primeiro para o segundo degrau.

E sabe quando a coisa mudou para mim? Quando eu tinha três meses de empresa e fui conversar com a minha supervisora na época, a Renata. Até hoje eu não me esqueço disso. Em um ato de desabafo, disse a ela:

— Renata, eu não aguento mais ser office boy.

— Sério? — ela respondeu.

— Sério, eu estou muito cansado, vejo vocês aqui no escritório e a vontade que me dá é de trabalhar com vocês.

Renata olhou para mim firmemente e disse:

— Quer deixar de ser office boy?

— É óbvio que eu quero.

— Tem um jeito.

— Então me fala que eu vou fazer.

Foi aí que ela me disse algo que mudou a minha trajetória:

— Seja o melhor office boy que você puder ser.

— Mas como assim?

— Alê, além de você, eu tenho mais quatro office boys, e você é o mais novo. Então, se você for igual a todos, eu vou ser obrigada a te colocar na fila e te promover só depois do último. Agora, se você se destacar, estudar, aprender alguma coisa nova, quem sabe eu não vejo alguma oportunidade para te colocar numa fila diferente. Aliás, você já começou a se destacar.

— Quando?

— Quando você veio me pedir essa oportunidade. Eu gosto de gente que quer crescer.

Esse diálogo me marcou muito e a frase que ficou na minha cabeça foi "Seja o melhor office boy que você puder ser". Entendi o recado dela: não adiantava eu querer desvalorizar o meu estado atual, deixar de me entregar e de fazer o trabalho que vinha fazendo como office boy para tentar alguma coisa melhor. Eu precisava ser o melhor naquilo que eu estava fazendo e, a partir disso, trilhar o caminho necessário para ser um assistente administrativo. Então, comecei a fazer isso e fui além:

— Renata, se eu almoçar em menos tempo, posso ir para o escritório e começar a usar o computador?

Na época, a informática estava nascendo.

— Claro — disse ela.

— Se eu terminar o trabalho mais cedo, posso voltar aqui e aprender com você alguma coisa sobre rotina de trabalho?

Lembro que ela abriu um sorrisão e falou:

— Claro que pode!

E assim eu fiz; em vez de almoçar em uma hora, almoçava em 30 minutos, voltava ao escritório e começava a aprender a trabalhar com o computador. Comprei um livro didático sobre como usar Excel, Word, PowerPoint. Terminava o trabalho da rua e voltava correndo — um documento que normalmente era entregue em uma hora, eu corria para conseguir entregar em 40 minutos e, assim, chegar mais cedo. Comecei a aprender informática e as rotinas de trabalho. Sempre procurava me aproximar das pessoas que pudessem me ensinar algo novo. Às vezes, via alguém digitando alguma coisa e me oferecia: "Posso fazer isso aqui para você?", e como eram trabalhos operacionais, sempre me passavam — e eu ali, aprendendo, crescendo, evoluindo. O resultado disso foi que o office boy mais novo da empresa assumiu, antes de todos os outros, o cargo de assistente administrativo. Sabe por quê? Porque eu me destaquei, procurei desenvolver novos recursos e fui aprendendo ao longo da minha trajetória que só existe um segredo para sair de um degrau para o outro. Na verdade, dois: o primeiro é o desejo intenso; você precisa de fato querer muito dar esse salto e essa atitude vai depender de você, com disciplina, coragem, envolvimento e investimento. O segundo é repertório: você precisa apresentar repertório, não dá para sair de um degrau para o outro sem isso.

O que significa repertório? Novos conhecimentos, novas habilidades, conhecimentos técnicos, comportamentais, o que for necessário. Eu saí do primeiro degrau para o seguinte primeiramente porque demonstrei atitude, vontade, ambição, desenvolvimento; em segundo lugar, porque eu aprendi uma habilidade nova: a informática. Aprendi também as rotinas administrativas, então é óbvio que eu estava mais preparado do que os outros para migrar para a oportunidade seguinte. Ali, comecei a ganhar mais. E sabe o que eu fiz com esse dinheiro? Investi em um curso de informática, porque meus pais não podiam pagar na época. Então, na hora que eu ganhei um pouquinho mais, procurei me especializar.

O que eu estou querendo mostrar é que você só vai sair de um degrau para o outro se adquirir novas atitudes e mais repertório. Afinal, quanto mais você amplia seu repertório, mais problemas você resolve.

Hoje, além dos recursos técnicos e comportamentais, você precisa adquirir visão de mundo, pois a cada mudança de cenário o seu mercado é impactado, a sua empresa sente, a sua função sente e se sobressai aquele que apresenta soluções. Será que você estará preparado para isso?

O emprego morreu e você nem percebeu

O mercado de trabalho vem passando por uma transformação inevitável, que tem a ver com diversos fatores. O primeiro deles pode ser representado pelos anseios da nova geração de profissionais. Quando digo isso, não estou me referindo apenas aos jovens profissionais ou, como o mercado adora chamar, os *millennials*. Acredito que, independentemente da idade, o novo profissional, ou seja, aquele que está vivendo no mercado contemporâneo, pensa diferente daquele que viveu no mercado há algumas décadas. Uma pessoa de 50 anos hoje tem anseios diferentes que uma pessoa de 50 tinha há vinte anos. O mesmo acontece quando comparamos um jovem de 20 anos hoje com um jovem de 20 anos de antigamente. A nova geração que está no mercado tem anseios e perspectivas diferentes, é impactada por um mundo de informação completamente diferente, então isso obriga o mercado a mudar.

Um outro fator a ser destacado são as novas tecnologias, pois elas causam uma transformação absurda no mercado, abrem novas oportunidades de carreira, possibilidades de trabalho e geração de renda. A tecnologia permite que as organizações se tornem mais enxutas, com relações profissionais inteligentes, trabalho remoto, ambientes reduzidos, menos chefes e hierarquias horizontalizadas. As organizações que sobrevivem aos impactos das transformações são as que reinventam o modo de trabalho e aprimoram o uso das tecnologias. Agora eu pergunto: em que momento você está? Você está pronto para toda essa transformação?

A nova onda do profissional

Uma grande oportunidade que eu tenho na minha vida é a de conversar com muitos líderes, empreendedores e empresários, profissionais dos mais diversos segmentos. Isso abre muito a minha visão sobre as mudanças (perceptíveis ou não) do mercado.

A primeira pergunta que eu quero responder aqui é: qual é a nova onda do profissional?

Quando comecei a minha jornada no mercado de trabalho, a pirâmide profissional padrão que existia em uma empresa era: você começava na base (no meu caso, como office boy), depois poderia passar a ser um assistente administrativo e, em seguida, um supervisor e coordenador, um gerente, um diretor — ou seja, havia uma escalada obrigatória para quem desejasse seguir uma carreira executiva. E tem sido assim por um longo tempo.

Mas a coisa mudou, as pessoas não têm mais paciência para migrar de júnior para pleno, sênior e por aí vai... Essa lógica não faz muito sentido para um profissional mais dinâmico e arrojado. Além disso, construir uma carreira dentro de uma empresa já não é mais o sonho de todos. Então, quais são as novas prioridades de carreira?

A pandemia de covid-19 e tudo o que vivemos a partir desse fenômeno causou uma transformação inevitável — ou melhor, acelerou uma transformação que já vinha sendo sentida pelo mercado. Para esclarecer bem essa situação, preciso que você imagine as organizações como uma pirâmide com três níveis:

- **Base da pirâmide**: a representação das funções operacionais; por exemplo, o serviço de um caixa de supermercado, cobrador de ônibus, frentista, enfim, aquelas profissões que são a base operacional de

qualquer organização. Toda empresa precisa ter uma base operacional funcionando;
- **Meio da pirâmide**: obviamente, é um funil menor, com as funções táticas: analistas, assistentes, supervisores, coordenadores, gerentes; ou seja, os cargos que ajudam a organização a respirar, a pensar, a oxigenar, a colocar as estratégias em jogo;
- **Topo da pirâmide**: onde estão os cargos "C-level", isto é, diretores, CEOs, aqueles profissionais que detêm a estratégia e inteligência do negócio, que tomam a maioria das decisões.

Até então, essa pirâmide vinha funcionando bem: as decisões no topo eram tomadas por poucas pessoas, o meio coordenava a execução para que tudo funcionasse conforme o planejado, e a base operacional executava geralmente os planos que esses dois níveis determinavam. Acontece que há uma transformação forte acontecendo nessa pirâmide, não só provocada pela pandemia, mas também acelerada por ela, já que muitas organizações (pelo menos as mais evolutivas) migravam para esta nova realidade. E qual é a grande transformação?

A serventia da base da pirâmide começou a ser muito questionada: "Será que realmente preciso desses profissionais?"

Feliz e infelizmente, a transformação e a aceleração tecnológica dos últimos anos fizeram com que a base da pirâmide começasse a não ser tão necessária. Por quê? Infelizmente porque muitas pessoas, obviamente, perderam os seus empregos e estão tendo uma grande dificuldade para se recolocarem. E felizmente porque o ser humano não foi feito para trabalhar na base dessa pirâmide a vida toda — somos feitos para pensar, para sermos criativos, para agirmos estrategicamente. O ser humano não foi feito para apertar um botão e executar tarefas repetitivas. Porém, muitas pessoas não tinham escolha e isso não é nenhum demérito, muito menos um julgamento da minha parte; é apenas uma constatação. Essas pessoas vão precisar buscar uma qualificação e se reinventar o mais rápido possível. Quando essa base da pirâmide, que não tem qualificação, perde seu posto de trabalho, fica refém da ajuda do Estado. E, novamente, isso não é nenhum demérito, pois o Estado tem a obrigação de devolver para a sociedade (principalmente para os mais vulneráveis) os altos impostos que pagamos. A reflexão que eu faço é: quem deseja viver assim? Pense comigo: até quando teremos caixas de supermercados? Até quando haverá frentistas de posto de gasolina, cobrador de ônibus, recepcionistas em hotéis? Perceba que a base dessa pirâmide é formada por profissões que, inevitavelmente, deixarão de existir, e o que resta para aqueles que a exercem é a reinvenção. Precisarão adquirir novas habilidades e aprender uma nova profissão que os tire da base e os faça subir para o meio da pirâmide, onde terão alguma função na qual a criatividade será mais exigida, podendo efetivamente utilizar o seu melhor.

Agora vamos falar do meio da pirâmide, onde a reinvenção já vem acontecendo e está ganhando cada vez mais velocidade. Imagine, por exemplo, o departamento de marketing de uma empresa. O que muitas organizações estão se questionando é: "Será que precisamos mesmo ter um departamento de marketing?"; "Será que, em vez de ter todos esses encargos trabalhistas que uma área de marketing exige, com pessoas que trabalham oito horas por dia, não seria melhor ter uma agência trabalhando para a empresa?"; "Mas o que eu faço com essa pessoa que já tem o histórico do meu negócio, além de toda essa capilaridade de informação?". Aí é que entra a grande oportunidade: muitas organizações estão preferindo ter profissionais trabalhando como pessoa jurídica dentro da sua empresa, mas podendo prestar serviços para outras companhias também, de outros segmentos. Então, você, gerente ou supervisor da área de marketing ou da área de RH (analista, coordenador), vai poder ter a sua empresa, o seu negócio, seu próprio CNPJ, e prestar serviço para a empresa onde você está, e com a possibilidade de prestar serviço para outras, desde que não sejam concorrentes. Muitos já estão adotando esse modelo porque é uma prática interessante. Afinal, o profissional terá um contrato com a empresa atual que lhe garantirá os custos operacionais e fixos; ele será cobrado por produtividade e poderá coordenar seus próprios horários; aumentará a sua renda atuando em outras frentes de mercado; sua empresa poderá crescer, gerar empregos e atuar de forma mais empreendedora.

Mas, Alê, eu queria tanto fazer carreira dentro da minha empresa e me tornar um alto executivo. Você terá essa oportunidade também, mas precisará evoluir muito e rapidamente, pois a competição pelo topo da pirâmide será árdua.

Sabe qual é o grande desafio para quem está no meio dessa pirâmide? Ampliação de repertório. Você precisa aprender muito. A sua graduação importa, sua pós-graduação, seus cursos, seu networking — enfim, todas as frentes possíveis importam para, efetivamente, você estar à frente do mercado.

Então, entenda: se você está na base, acelere, pois vai precisar aprender, crescer, fazer a sua graduação, estudar, fortalecer o seu currículo, para poder subir até o meio da pirâmide. Se você está no meio, há dois caminhos: empreender ou ascender. Em ambos você vai precisar ampliar muito o seu repertório, pois se seu objetivo é chegar ao topo, seja como executivo ou empresário, precisará enxergar negócios como nenhum outro faz.

Como você tem enxergado a sua carreira?

Eu não sei como você ambiciona os seus próximos passos, mas quero que aprenda um grande conceito: viva o seu próximo degrau hoje. Esse é um pensamento empreendedor que faz você olhar o hoje, valorizá-lo, mas projetando o degrau seguinte da sua escada profissional. É o desempenhar muito bem desempenhado, sabendo que, mesmo não estando hoje na posição que desejo dentro da empresa faço esse trabalho com a dedicação de quem utilizará isso como uma catapulta para o próximo nível.

Outra lição que aprendi com a Renata, aquela da frase "Seja o melhor office boy que você puder ser", foi a seguinte:

certa vez, cheguei à empresa de tênis e camisa nova (tinha gastado praticamente todo o meu salário com isso).

— Alê, sabe o que eu vejo quando te olho com essa roupa nova? Você está com cara de boy — disse Renata.

Na época, *boy* era um elogio usado para pessoas que andavam na moda, então eu gostei de ouvir aquilo. Mas, rapidamente, ela completou:

— Não é isso que você entendeu, eu quis dizer que você está com cara de office boy.

Tomei um susto, e ela continuou:

— Você me disse que queria ser promovido, ser assistente administrativo, não é? Então você não pode mais vir trabalhar com cara de office boy, tem que vir com cara de assistente administrativo. Da próxima vez que você for comprar um tênis, compre um sapato social; em vez de comprar uma camisa florida, compre uma camisa social. Venha trabalhar com cara de assistente administrativo.

— Mas, Renata, eu não sou... — respondi.

— Eu sei, mas se apresente como aquilo que você quer ser.

O que ela quis dizer foi que não adianta só valorizarmos o estágio seguinte, é necessário vivenciá-lo hoje. Isso mudou a minha visão e o meu comportamento a partir daquele dia: passei a me preparar para o estágio seguinte, valorizando o estado atual, mas vivendo como se já tivesse alcançado o próximo.

Calma! Isso não quer dizer que você será outra pessoa. Não é se visualizar como um milionário e começar a gastar por aí — não é isso. É se valorizar para o seu próximo estágio, lembrando-se sempre de que uma carreira é construída degrau por degrau e, entre eles, há repertório, atitudes e reputação. Falando em reputação, precisamos destacar que ela acompanhará você por toda a vida, e isso é muito importante. Tenho muito orgulho quando sou contratado para dar palestras ou um treinamento por alguma pessoa com quem trabalhei há dez anos, por exemplo. Sabe por quê? Porque essa pessoa conviveu comigo; então, se ela me contratou foi pela reputação que eu construí, entende?

Como aproveitar ao máximo este livro

Não acredite em tudo o que eu digo. Nos últimos 13 anos, vivi a realidade de quase trezentas empresas, pude desenvolver mais de três mil líderes e palestrei para algumas centenas de milhares de pessoas. Fundei duas empresas, lancei três livros, convivi com muita gente bacana e aprendi muito. Então, neste livro, eu simplesmente estou despejando as minhas verdades, advindas dessa experiência. Não tenho a expectativa de estar 100% certo, mas posso garantir que tem muita verdade aqui e só uma intenção: provocar para fazer você evoluir.

Leia, questione, duvide; mas, sejam quais forem as suas conclusões, entre em ação.

O livro foi dividido em duas grandes partes:

1ª etapa
Uma intensa reflexão sobre as principais transformações do mundo do trabalho
Uma leitura provocativa baseada na minha curiosidade e angústia de entender os caminhos para que os profissionais se tornem livres e realizados.

2ª etapa
Análise dos 12 anos de reinvenção
Apresentarei em detalhes um estudo nacional que conduzi em 2009 e que tentou desvendar o futuro das organizações e dos profissionais. O que aprendemos nessa jornada? Será uma reflexão instigante sobre visões de décadas atrás que nunca foram tão atuais.

Upgrade
Os desafios da nova era
Mergulhamos nos desafios vivenciados nos últimos anos pelo mercado, por organizações e profissionais para proporcionar uma ampla visão sobre a evolução necessária para os novos tempos.

Parte 1

Mergulhando na reinvenção...

Ao reescrever este livro, percebi algo curioso: na primeira versão, eu não expliquei o significado de reinvenção. Confesso que, naquela época, não saberia descrever a real essência desse conceito. Poderia buscar o significado literal no dicionário, mas seria tão desinteressante que nem fiz questão de incluir na obra. Hoje, o conceito já se fez tão claro que faço questão de externar:

Reinvenção é assumir o controle da sua vida. E fazemos isso somente quando compreendemos uma dádiva para a nossa vida: **"Se você não pode mudar o contexto, mude a ação, e a ação mudará o contexto."**

Isso não é poderoso? Se você não pode mudar o cenário no qual está vivendo, não adianta lutar contra ele; é preciso mudar o seu modo de ser, de agir... e aos poucos o cenário vai mudando. A gente não consegue mudar a pandemia, a economia, o cenário e muitos contextos que nos cercam. Muitas vezes, não é possível mudar a cultura da empresa em que você trabalha, mas você tem total controle sobre uma variável, que é a sua ação, o seu modo de agir e o seu modo de pensar sobre determinada situação.

Observe este exemplo: você está em um cenário desagradável, em um emprego de que não gosta. Pode ser que você não possa transformar esse contexto; precisa desse trabalho e, no momento, não consegue mudar, principalmente por causa da pandemia, pois o índice de desemprego está alto. Esse é o claro conceito de um contexto que não se pode mudar. Então, se você adotar uma postura de vítima, vai ser muito pior, isso impedirá você de enxergar as possibilidades; você começará a ter pena de si mesmo, a reclamar, e não conseguirá evoluir, crescer. Um fenômeno superinteressante vai acontecer: você começará a não merecer nem esse emprego em que está, porque passará a ser um profissional dispensável.

Agora, se você adota uma postura diferente, proativa, de dono da sua própria carreira, será aquela pessoa que deixará saudades, pois independentemente das decisões e da cultura da empresa, você decidirá cuidar da sua reputação, investirá mais em você, passará a ser um profissional mais desejado, enxergando possibilidades de crescimento onde está — ou, ao menos, vendo a oportunidade de construir um grande currículo para ser valorizado em outro ambiente.

Quando você assume o controle da sua carreira, está deixando de lado a visão das pessoas de que você não é capaz de mudar, e começando a olhar para o seu comportamento, investindo para ser um profissional mais arrojado e desejado pelo mercado.

O que eu estou trazendo aqui é uma situação extrema, daquela pessoa que está num trabalho que odeia, ganhando mal, ou seja, totalmente fora da realidade profissional que muitos buscam. A reinvenção consiste em parar de olhar somente para dentro da empresa em que você está e passar a olhar para sua carreira de uma forma livre, sem amarras.

O que são amarras? O salário que você precisa ganhar no fim do mês para pagar as suas contas.

Quando você tem certa economia, consegue dizer mais nãos, consegue recusar propostas abusivas, posicionar-se mais firmemente; mas quando isso não existe e você depende do salário, precisa engolir um monte de sapos. Atualmente, na minha posição de empreendedor, costumo engolir muitos sapos dos clientes, pois quero fazer minha empresa crescer. Mas também não aceito qualquer coisa, já que tenho um determinado conforto. Não que eu não precise trabalhar; tenho o suficiente para me permitir recusar algo que não converse com os meus valores pessoais, por exemplo. Bem diferente de quando comecei minha carreira. Naquela época, eu não tinha essa opção. Fiz muita palestra no dia do meu aniversário, em feriados, em datas especiais... Então, quando você começa a ter um determinado conforto financeiro (e eu confesso que demorei a chegar a esse ponto), você tem liberdade, e isso traz assertividade.

Alê, hoje eu não possuo esse conforto, não consigo simplesmente abandonar o emprego. Eu não estou pedindo para você fazer isso. Apenas estou dizendo que, se você está vivendo esse contexto e não consegue mudá-lo agora, o que você pode fazer para não ficar preso a essa situação a vida toda? O que você pode começar a fazer agora para viver uma nova realidade em breve? Você não deve se culpar pelo seu estado atual, e sim se responsabilizar pela mudança que deseja!

Você precisar evoluir no seu jeito de ser e agir

O mercado vem se transformando a uma velocidade incrível, e isso não é novidade nem para mim nem para você, mas as perguntas que eu preciso fazer são: qual é o novo currículo profissional? Qual é o novo mercado de trabalho? Quais são as novas competências que precisaremos desenvolver? Quais são os novos modelos de negócio? Enfim, quem é o novo profissional? Se você não se questionar hoje sobre esses princípios, pode ter certeza de que as portas começarão a se fechar. Mas eu tenho uma outra excelente notícia para você: não há um modelo de profissional a ser seguido, não há uma fórmula, não há um passo a passo, lista de características, nada disso. O que existe é o mercado que vem exigindo um profissional cada vez mais dono de si, cada vez mais empreendedor e, o mais interessante, um profissional cada vez mais livre.

Chegou a hora de saber qual é o impacto do seu jeito de ser e agir no mundo em que vivemos. Vou te apresentar algo que eu chamo de **quatro grandes evoluções do profissional contemporâneo:**

Primeira grande evolução: maturidade. Sim, essa palavra tão falada, mas tão pouco praticada. O que significa maturidade? Capacidade de direcionar a sua energia para o lugar certo.

Caso você esteja na base da pirâmide, obviamente doeu quando eu disse que muitas profissões vão sumir, não é verdade? Então você vai precisar, sim, ter muita maturidade para passar por essa turbulência, para se aprimorar, seguir e subir o nível da sua carreira. Não adianta ficar chateado comigo. Eu sou apenas o mensageiro da mudança; me culpar não vai adiantar nada. Concentre a sua energia no lugar certo: na sua carreira e na sua evolução. Não perca tempo comigo.

Pô, Alê, eu queria seguir carreira na empresa, mas vejo que é muito delicado, eu não quero ficar aqui dez anos. Então, já vi que abrir meu negócio pode ser uma grande possibilidade, mas essa alternativa também dói! É claro que sim, mas ter maturidade é fundamental. Entenda: o mercado passa por muitas transformações, você vai ser bastante exigido; então, como fortalecer a sua maturidade? Tenha a coragem de confrontar a si mesmo e não culpe o mundo pelo seu estado atual. Aliás, não culpe nem a você mesmo, pois a culpa paralisa. O momento é de centrar esforços nos fatores que levarão você para o próximo nível: conhecimento e ação.

Segunda grande evolução: expansão. O profissional contemporâneo precisa expandir a sua atuação e transitar por diversos cenários corporativos. Se você é da área financeira, vai precisar ser um conhecedor de gente; se você é de gestão de pessoas, entender de finanças é fundamental; se você é da área de marketing, precisa entender de logística. É necessário que você transite por diversos cenários e esteja em diferentes ambientes.

Expansão é a capacidade de conhecer cada elemento que impacta o seu mundo — pois, caso contrário, o mercado vai engolir você.

Qual é o próximo curso a fazer? O meu próximo curso, por exemplo, será sobre finanças comportamentais (já estou matriculado, inclusive). E por que vou estudar isso? Porque é a área que eu menos gosto do meu trabalho, mas preciso entendê-la para conversar e agir de maneira mais estratégica em relação a isso. A minha especialidade é gente, mas se eu não entender sobre finanças, não vou ter o nível de diálogo que preciso com os meus contratantes. Possivelmente, não serei um especialista, pois não vou me dedicar tanto quanto à minha especialidade, mas certamente serei bom em finanças — o bastante para desenvolver uma linguagem que vai me beneficiar tanto no nível pessoal quanto no profissional. E vamos seguindo.

Terceira grande evolução: liberdade. O que isso possibilita para você? Entender que você e a sua carreira andam juntos para um único objetivo: a realização. Um profissional livre atua como o empreendedor da sua própria trajetória. Sei que a palavra empreendedor foi tão banalizada, mas ainda não encontraram forma mais eficiente de adjetivar um profissional que assume a gestão da sua carreira. Sabe o que difere o empreendedor de qualquer outro profissional? Ele tem uma visão do todo (não conhece apenas a sua função) e paixão pelo negócio, é curioso em relação ao mercado, interessa-se por finanças, por gente, marketing, vendas... O empreendedor tem a capacidade de olhar o que faz, mas com uma visão de dono, uma visão de resultados e crescimento que poucos têm.

Atualmente, a visão de dono é extremamente requisitada pelas organizações. O profissional de hoje tem que pensar por projeto. Qual é o resultado do projeto que você entrega? A primeira pergunta que você tem que se fazer é:

qual é o resultado que eu preciso entregar? Isso é visão de projetos, isso é visão de dono. Esta é a grande diferenciação do empreendedor: não pensar em trabalho, e sim em qual resultado entregará.

Quarta grande evolução: execução. Um livro sobre reinvenção falar de algo tão básico como execução? Pois é, queria eu não precisar falar disso. Execução é o grande problema das organizações. Planejamentos intermináveis, reuniões frequentes, planos de ação desenhados e nada acontece. Qual é o problema? Execução! Execução é o grande diferencial dos profissionais que decolam nas organizações. Você sabe do que eu estou falando... É muita firula, muita gente dando opinião, muitos fugindo dos problemas, e isso abre oportunidades para quem os resolve. As estruturas organizacionais estão ficando cada vez menores, mais enxutas; logo, quem botar a mão na massa se destacará. E como ser um grande executor?

Eu sempre acreditei que um profissional especialista fazia a diferença no mercado (e ainda acredito). Você precisa encontrar uma área em que seja muito bom: recursos humanos, finanças, marketing, vendas... Assim, você terá uma especialidade e conquistará o seu espaço. O que não pode acontecer é ficar preso a ela. Um profissional de vendas precisa entender de logística e, quando necessário, vai até o setor para resolver um problema do seu cliente — além de participar das reuniões de outras áreas e contribuir para o seu aperfeiçoamento; o de marketing, se precisar ir até o setor de vendas para entender por que sua função não está dando o resultado esperado, ele vai; o de RH vai até o departamento financeiro para discutir qual é o impacto de uma ação dele no resultado da empresa. Então, ser um executor exige de você uma grande ampliação de repertório. E eu vou bater muito nessa tecla, independentemente da competência que você precisa desenvolver — e uma delas sempre vai nortear todas: ampliação de repertório. Quanto mais repertório você tiver, quanto mais conhecimento você adquirir, melhor. Pode apostar que isso vai levar você para o próximo nível.

O que eu quero trazer aqui é muito forte, muito forte mesmo. É que, nessa nova era, o profissional vai ser muito mais exigido. Mas sabe qual é a grande sacada? É que você tem escolha: pode seguir carreira na empresa ou abrir o seu próprio negócio, pode prestar serviço para a empresa ou ir para uma área completamente diferente. Enfim, o mais importante é o que vai sustentar você nesse novo mercado: a sua capacidade de aprender, aprender e aprender, sempre evoluindo numa atmosfera muito grande.

Por que tudo isso vale a pena?

Falamos até agora sobre o novo mercado, as novas competências profissionais, o quanto você precisa se desenvolver e a pergunta que fica é: "Mas por que tudo isso vale a pena?"

Quando a gente fala sobre a nossa carreira, acredito de verdade que ela seja uma extensão da nossa vida. Quando a gente tem orgulho da nossa carreira, quando nos sentimos realizados, isso naturalmente se expande para nossa vida profissional, para nossa saúde, o nosso equilíbrio, qualidade de vida, relação com a família... E não estou trazendo para você um modelo de sucesso, nem dizendo que, para ser feliz, você tenha que ser milionário, estar no topo de uma organização, nada disso! É escolher aquilo que tem a ver com você, ser valorizado por isso e se sentir realizado com as suas escolhas.

Existem outras questões além das evoluções de que falamos. Uma delas é a maneira como você se mostra para o mercado: qual é a história que você vai contar? Porque tudo na nossa vida é uma história, e precisamos aprender a contá-la. Se você está dentro de uma empresa, em um determinado cargo, qual é a história que você está contando? Se você for contar sua trajetória para um entrevistador, um investidor ou para o seu chefe, a fim de pedir uma promoção, um aumento salarial... Qual ela seria? Isso é muito importante, pois precisa ser a história dos seus resultados, do quanto você evoluiu, dos seus relacionamentos, do quanto você se dedica quando abraça algo, do quanto você trabalha por aquela empresa.

Tem muita gente que diz que não vale a pena se desgastar por uma empresa porque não existe valorização. Eu não acredito nisso — tem muita empresa que valoriza, sim. Mas, se a sua não faz isso, entenda: você não tem que trabalhar por ela, você tem que trabalhar pela sua carreira. Aquilo que você entrega hoje vai determinar o seu futuro e a história que você vai contar.

Quando você está em uma reunião, como se comporta? Você é aquele que menos fala e que só absorve as ideias? Não dá mais para ser assim, você tem que se expor. Obviamente, para fazer isso é preciso se preparar. Então, adquira repertório, chegue naquela reunião firme e forte para apresentar suas ideias. Se as pessoas as rebaterem, tanto faz; o mais importante é você se expor. Claro que você não precisa ser aquela pessoa que tem a necessidade de opinar sobre tudo, mas quando for preciso, opine, sim.

Quando você está diante de um projeto, o que faz? Entrega aquilo que foi pedido ou mergulha de verdade e abraça a tarefa como algo que vai fortalecer o seu currículo? Entenda: todos nós, de alguma forma, deixamos um legado. Você, querendo ou não, sempre deixará um legado por onde passar. A grande questão é: que legado é esse? Pode ser um muito ruim, pode ser um mediano (do qual ninguém se lembra), ou pode ser um legado que deixa saudade, aquele que faz com que as pessoas se lembrem de você e digam "Como foi bom trabalhar com aquela pessoa". Não interessa o cargo; o mais importante é o legado.

Quando você decidir buscar a sua próxima oportunidade, quando se sentar frente a frente com o entrevistador, qual história você contará? Muitas pessoas não sabem contar sua história e não externam o seu real valor. Não precisa ser assim, você tem que conseguir responder a uma pergunta vital: por que devo ser contratado? A partir daí, precisa convencer o entrevistador da sua determinação de contribuir não somente com a sua função, como também de acrescentar uma visão de dono e colaborar de maneira macro. Então, perceba que a história que você contará tem que ser rica de resultados e conquistas, bons relacionamentos e, principalmente, mostrar a sua própria evolução. É isso que vai fazer a diferença na sua carreira, no seu currículo. Falando nisso, como está o seu currículo? Ele conta essa história? Se eu olhar o seu currículo hoje, mesmo que você esteja desempregado há um ano, ele me contará uma história de evolução, aprimoramento e qualificação? Se ele contar essa história, eu garanto que muita coisa mudará.

A vida corporativa e empresarial é só uma parte da sua jornada profissional. Não importa se você, daqui a alguns anos, vai querer seguir carreira solo ou ascender dentro de uma empresa — o mais importante é o que você está fazendo hoje, é o que você está plantando para, efetivamente, colher bons frutos na sua trajetória pessoal e profissional. Cuide da sua carreira: ela é um grande patrimônio, não só para a sua profissão, como para a sua vida. Mais à frente, eu mostrarei quais são os melhores caminhos para se capacitar e, assim, valorizar ainda mais o seu currículo e a sua história profissional. Vamos juntos?!

Quais os melhores caminhos para se capacitar em um mundo de intensas transformações?

Primeiro, vamos compreender o objetivo de se capacitar na era da transformação.

Como falamos anteriormente, não somos adeptos das fórmulas; ajudamos as organizações a construírem o seu próprio método de gestão. Da mesma forma, não vou trazer uma fórmula para esse tópico, pois aquilo que eu faço para me diferenciar foi construído a partir da minha aptidão e das minhas fortalezas; logo, o que serviu para mim não necessariamente servirá para você. Então vou ajudar você a construir os seus próprios diferenciais.

O profissional se torna cada dia mais livre quando gera valor para o mercado

Essa frase precisa embasar a construção dos seus diferenciais, pois quanto mais valor você gera, mais desejado será pelo mercado e, consequentemente, mais escolhas terá. Todo o seu processo de evolução profissional e pessoal precisa levar em consideração o valor que você deseja apresentar para o mercado. Portanto, antes de pensar na sua próxima capacitação, reflita: **qual evolução me tornaria mais desejado pelo mercado?**

Temos duas missões importantes:

1. **Criar um diferencial competitivo robusto** e entregá--lo de forma exemplar para o mercado;
2. **Comunicar esse diferencial de forma clara** por meio de nossas ações cotidianas, mensuração de resultados e aplicação de todos os recursos que apresentaremos nesta obra.

Falar sobre diferencial competitivo próprio torna-se vital para que a sua visão de negócios esteja preparada para todas as oportunidades que o mundo apresenta.

Diferencial Competitivo Próprio (DCP) — qual é o seu?

"O profissional se torna cada dia mais livre quando gera valor para o mercado"

Fiz questão de repetir a frase para que ela embase a construção do seu DCP. Podemos refletir sobre os diversos fatores que agregam valor para um profissional. Mas me permita resumir em uma grande competência: **a capacidade de resolver problemas.**

Pense bem: o profissional pode ser ph.D. em sua área, mas, se não for capaz de resolver problemas cotidianos na velocidade que as organizações precisam, infelizmente, o seu vasto conhecimento não será tão valorizado.

Resolver problemas é ser um expert na busca de soluções práticas, reais e aplicáveis ao cotidiano de cada organização. É a capacidade de pensar além das atribuições diárias e impulsionar todos à excelência. Logo, resolver problemas está muito além de ser um profissional reativo que espera os entraves surgirem para, então, entrar em ação. Resolver problemas é concentrar-se na excelência e estar sempre atento ao desempenho para que os problemas não ocorram. Isso leva você para um outro nível.

Permita-me ilustrar isso com uma história rápida: em 2012, estávamos vivendo um grande boom no varejo. Economia aquecida, empregos em alta e população consumindo a todo o vapor. Em 2013, fui contratado por uma grande varejista de calçados para realizar uma intensa capacitação com seus gestores de loja. Na reunião de briefing, o diretor foi brilhante em suas colocações e me disse:

"Alê, nunca vendemos tanto em nossa história! Isso é muito bom, mas estou preocupado. Imagine que em nossa loja do Shopping Morumbi entram, em média, cem pessoas por dia para comprar. Estamos vendendo muito, pois o fluxo está excelente. No entanto, analisando os números com profundidade, percebi que essa mesma loja tem um índice de conversão de 20%, ou seja, poucas pessoas que entram estão comprando, de fato. Mas não estávamos nos preocupando com isso, pois, no dia seguinte, cem novas pessoas entrarão novamente na loja. A questão é que eu não posso confiar no cenário econômico em que estamos vivendo — não é algo sobre o qual tenho total controle. Imagine se a economia sofrer uma recessão e entrarem apenas vinte pessoas por dia na minha loja. Se continuarmos convertendo apenas 20%, vamos quebrar. Portanto, eu preciso criar novas estratégias agora, antes que seja tarde demais."

Nem preciso explicar o motivo pelo qual essa rede de varejo continua crescendo ano a ano. Ela tem em sua gestão um diretor que está sempre preocupado com a resolução de problemas, mesmo que eles ainda não estejam batendo à sua porta. Esse profissional gera valor; logo, será sempre desejado pelo mercado. Ele é um *especialista em resolução de problemas estratégicos* e é livre para atuar em qualquer frente do varejo.

Agora, reflita: **quais problemas você é capaz de resolver?**

Se você é um contador e ajuda o seu cliente com a documentação dele, agiliza os prazos e envia as guias de pagamento, você pode até ser bom, mas não gera mais valor do que qualquer outro contador. Porém, se além de tudo isso, você é especialista em análise e redução de carga tributária e oferece frequentemente elementos para que seu cliente tome as decisões estratégicas, você gera valor, pois resolve um grave problema e o ajuda a ter mais lucro. Então, você é um *especialista em gerar mais lucro para empresas através da redução de tributos*.

Você é um corretor de imóveis que está a par dos melhores lançamentos da região, tem uma ótima comunicação, é didático e está sempre à disposição dos seus clientes. Parabéns, mas isso é o mínimo que se espera de um corretor. No entanto, você vai além: é um estudioso do mercado de imóveis, conhece bem o mercado de capitais e sabe, como ninguém, apresentar as melhores soluções de investimento para o seu cliente, ajudando-o na melhor tomada de decisão e na aplicação dos seus recursos financeiros. O seu atendimento é praticamente uma consultoria de mercado. Isso gera muito valor, pois resolve um problema e ajuda as pessoas a tomarem a melhor decisão na aplicação dos seus recursos. Então, você é um *especialista em investimentos no mercado imobiliário* e contribui para o bem-estar financeiro das pessoas.

Perceba que, por mais que a tecnologia evolua e os robôs tomem conta do mercado, você jamais será substituído, pois a máquina nunca dominará a criatividade e a capacidade do ser humano de se conectar com as pessoas.

Vou perguntar novamente: **qual é o seu DCP — Diferencial Competitivo Próprio?**

- O que faz você se destacar dos demais?
- Qual valor você gera para o mercado?
- Quais problemas você resolve?

Agora, sim, podemos falar sobre capacitação!

A escolha do seu processo evolutivo passa, obrigatoriamente, pelo seu DCP. A pergunta crucial para definir o seu campo de estudo e a aquisição de recursos passa por uma mudança de percepção. E, para isso, temos que mudar a pergunta. Em vez de "O que está em alta no mercado?", pergunte-se "O que eu preciso aprender para resolver mais problemas, gerar valor e enfatizar o meu DCP?". Percebeu a diferença? A sua capacitação precisa projetar a sua proposta de valor, e não apenas ser um penduricalho em seu currículo.

A capacitação profissional agora tem contornos diferentes e, o mais bacana, está acessível a todos. Antigamente, quantas pessoas podiam fazer uma faculdade? Quantas pessoas podiam pagar por um curso ou ter acesso a tantas informações e a tanto conhecimento gratuito como nós temos na internet hoje? Era muito difícil um profissional se qualificar sem ter que investir muito nisso.

A graduação morreu?

Do modo como conhecemos, talvez sim.

Alê, mas eu tenho ouvido vários gurus dizerem que tal pessoa que construiu um império não fez graduação... É verdade, existem muitos exemplos assim. Agora faça uma média entre as pessoas que chegaram lá sem e as que chegaram com graduação. Eu posso afirmar: a diferença é gigantesca. Aquelas pessoas que não têm qualificação e que alcançaram grandes resultados na vida aproveitaram algumas oportunidades que talvez jamais teremos, ou são pessoas dotadas de outro nível de inteligência a que talvez nós nunca chegaremos. Eu particularmente não seria nada na minha carreira se não fossem as minhas qualificações, os cursos que faço até hoje. Mas, independentemente disso, eu pergunto: se analisasse o seu currículo agora, você se contrataria?

Veja bem, a experiência profissional é muito importante, mas a qualificação tem se tornado cada dia mais vital por um motivo muito simples: as empresas estão diminuindo as suas estruturas. A cada dia que passa, elas percebem que podem fazer mais com menos e, com a pandemia, obrigatoriamente reduziram os seus quadros. Muitas delas, ao realizar essa redução, perceberam que ela não gerou problemas, porque quem ficou tem se engajado, tem feito a diferença, mergulhado fundo, se aprimorado. Isso faz com que as pessoas consigam resolver mais problemas, obter mais soluções e fazer evoluir os processos. Então, o grande profissional hoje tem que buscar muita qualificação para que possa, junto com a liderança, junto com a empresa, encontrar novas soluções. Logo, a universidade continua sendo importante, assim como os cursos rápidos e a leitura — a sua constante evolução é o que importa.

Mas por que eu digo que a graduação como a conhecemos vai morrer em breve? A forma de ensinar precisa mudar e a forma de aprender, também. As universidades precisam pensar em formatos mais modernos (e elas estão fazendo isso). Já os profissionais precisam otimizar o aprendizado, transformando o conhecimento em elementos do seu DCP. Isso faz com que cada aula, cada metodologia aprendida e cada experiência trazida pelo professor seja uma ferramenta para potencializar a geração de valor. Ou seja, a faculdade pode ser válida ou não, dependendo da sua postura como aprendiz. Se aprender e engavetar o aprendizado, ele de nada valeu. Se aprendeu, praticou, desenhou a sua metodologia de trabalho a partir disso e incorporou mais um elemento ao seu DCP, parabéns. Você está construindo o seu caminho para ser mais desejado pelo mercado.

Alê, eu já tenho uma graduação, posso fazer uma segunda graduação? Isso faria a diferença no seu currículo? Lembre-se do que falamos sobre o seu DCP. Se a sua segunda graduação vai ajudar a entregar mais valor, então faça.

Alê, eu sou formado em engenharia e percebi que, se eu fizesse outra graduação — em Gestão de Pessoas, por exemplo — isso poderia contribuir para o meu currículo, porque eu posso ser um engenheiro com uma grande especialidade técnica, mas que também sabe lidar com gente, pois assim os projetos teriam mais êxito. Você acha que somaria ao meu currículo? Sim, somaria e muito. Veja a história que você contou, isso é DCP!

Alê, e a pós-graduação é importante? A pós-graduação pode ser uma grande aliada, pois você vai incorporar ainda mais ciência à sua atuação. Costumo dizer que um profissional **não tem que fazer o melhor possível, ele tem que fazer aquilo que precisa ser feito.** O que isso significa? Fazer o que precisa ser feito é ter ciência, é efetivamente incorporar um método. A pós-graduação leva você para um nível diferente, um nível de debate, de convivência com diversas pessoas e é um tipo de oportunidade para se aprender algo a mais na prática.

Os cursos livres e rápidos também são possibilidades de capacitação para as quais muitas pessoas têm migrado. É o que a gente chama de *fast learning*, ou seja, você aprende alguma coisa para aplicar logo no dia seguinte. "*Pô, já percebi que eu tô com dificuldade em comunicação*" — existem cursos que você pode fazer que ajudam rapidamente. *Alê, eu tenho dificuldade para dar feedback para minha equipe, acabei de assumir um cargo de liderança e não consigo fazer isso.* Tem curso de uma hora que ensina a dar feedback, ou seja, são *fast competências* que ajudam você a aprender recursos que podem ser aplicados no dia seguinte e já dar resultado. *Alê, isso soma para o meu currículo?* Claro, porque é mais um ponto na sua entrega de valor. Entenda: tudo que soma com a sua capacidade de resolver problemas ajuda você a contar e construir o seu ponto de diferenciação. E a pergunta que eu faço é: o que somaria mais para o seu DCP agora? Seria uma graduação? Uma segunda graduação? Uma pós-graduação? Um curso livre? Não importa; mais conhecimento é vital para você se destacar.

Quanto mais repertório você tiver, mais desejado você será pelo mercado. Qualificação, capacitação, evolução — esse é o caminho para o novo profissional, é isso que convence.

O que você aprendeu até aqui?

Eu provoquei você? Incomodei? Se isso aconteceu, missão cumprida. Não adianta; precisamos, sim, nos provocar para que o processo de reinvenção comece. Se você, ao ler até aqui este livro, teve a vontade de se inscrever numa graduação, numa pós-graduação ou fazer um curso, ler mais — se você sentiu o desejo de se aprimorar —, fico muito feliz, porque isso significa que você quer ser um profissional melhor, ampliando sua visão em relação às possibilidades de mercado.

Nós vamos precisar, sim, compreender que o mercado está se transformando e a pandemia só acelerou tudo isso. E, vale recordar, se você está na base da pirâmide, corra e se aperfeiçoe; assim, você poderá ser um profissional livre e decidir o caminho que deseja seguir: migrar para o meio da pirâmide e decidir ter o seu próprio negócio, estudar mais para vislumbrar outras possibilidades dentro da empresa em que você atua, ascender a uma carreira executiva, escolher prestar serviço para a própria empresa onde você está hoje — seja o que for, as oportunidades aumentarão. E, para aproveitá-las, você vai precisar entregar resultado, capacitar-se, ampliar a visão, ter senso de dono e perfil empreendedor. O momento é agora: mergulhe, entregue os melhores resultados e você conseguirá subir a um patamar completamente diferente.

Não tem jeito; o mercado não é mais dos que são bonzinhos, que fazem o que é necessário. O mercado é de quem olha para a carreira como um grande negócio, abraça as oportunidades e faz a diferença, porque é a sua carreira! Lembre-se, é a sua vida!

Alê, nada disso me importa, eu estou bem onde estou, não vejo grandes oportunidades. O mercado também vai ter oportunidades para você. Possivelmente, não vai ser tudo aquilo que você deseja para a sua vida. Porém, se você se reinventar, eu garanto que grandes oportunidades virão, principalmente para aquele que abraça a causa. Mas não é abraçar a causa de uma empresa, é a causa da sua própria carreira.

Panorama de carreira: o profissional no novo mundo

De março a maio de 2020, conduzimos uma pesquisa on-line para compreender o estado atual dos profissionais. O estudo foi dividido por faixa etária e momento de carreira. O resultado é revelador.

1. Os paradigmas da reinvenção profissional

Nunca se falou tanto sobre reinvenção profissional quanto nos últimos meses. A pandemia global de Covid-19 nos forçou a enxergar a relação *carreira x trabalho* sob uma nova óptica, levando em consideração aspectos que muitas vezes eram negligenciados por grande parte das corporações.

Nesta pesquisa, você encontrará dados que demonstram na prática a necessidade de uma reinvenção profissional que gere ação e resultados.

2. Sobre o panorama de carreira

A pesquisa *Panorama de carreira — como se reinventar no novo mundo?* contou com a participação de 3.578 profissionais das mais variadas áreas de atuação. Os indicadores da pesquisa estão divididos em "Contagem de faixa etária" e "Momento de carreira", e auxiliam na tomada de decisão dos gestores, incentivando a criação de um ambiente de trabalho mais produtivo e engajado.

Dessa maneira, é possível determinar com maior assertividade o nível de satisfação dos colaboradores.

3. Faixa etária: um *overview* sobre os profissionais que estão inseridos no mercado de trabalho

- Menos de 18 anos: 328
- 18 a 25 anos: 993
- 26 a 39 anos: 1456
- 40 a 59 anos: 771
- Acima de 60 anos: 30
- Profissionais experientes: 45,6%
- Jovens profissionais: 30,7%
- Profissionais maduros: 23,7%

4. Momento de carreira: quem são os profissionais que estão em busca de reinvenção em suas carreiras?

Indicador de momento de carreira — menos de 18 anos

- Apaixonado pela profissão, mas com poucas recompensas financeiras: 8
- Cansado, em busca de mudanças: 14
- Em plena ascensão e confiante: 6
- Estabilidade conquistada, mas distante de um propósito: 3
- Estagnado e angustiado: 10
- Iniciando a carreira e ainda confuso com o caminho: 23
- Iniciando a carreira e com grandes expectativas: 257
- Sobrevivendo, sem esperanças de um futuro brilhante: 7
- Plenamente satisfeito: 0

Indicador de momento de carreira — 18 a 25 anos

- Apaixonado pela profissão, mas com poucas recompensas financeiras: 75
- Cansado, em busca de mudanças: 85
- Em plena ascensão e confiante: 28
- Estabilidade conquistada, mas distante de um propósito: 11
- Estagnado e angustiado: 43
- Iniciando a carreira e ainda confuso com o caminho: 160
- Iniciando a carreira e com grandes expectativas: 538

- Sobrevivendo, sem esperanças de um futuro brilhante: 43
- Plenamente satisfeito: 10

Indicador de momento de carreira — 26 a 39 anos

- Apaixonado pela profissão, mas com poucas recompensas financeiras: 255
- Cansado, em busca de mudanças: 190
- Em plena ascensão e confiante: 123
- Estabilidade conquistada, mas distante de um propósito: 77
- Estagnado e angustiado: 109
- Iniciando a carreira e ainda confuso com o caminho: 121
- Iniciando a carreira e com grandes expectativas: 487
- Sobrevivendo, sem esperanças de um futuro brilhante: 38
- Plenamente satisfeito: 56

Indicador de momento de carreira — 40 a 59 anos

- Apaixonado pela profissão, mas com poucas recompensas financeiras: 174
- Cansado, em busca de mudanças: 142
- Em plena ascensão e confiante: 59
- Estabilidade conquistada, mas distante de um propósito: 50
- Estagnado e angustiado: 48
- Iniciando a carreira e ainda confuso com o caminho: 22

- Iniciando a carreira e com grandes expectativas: 173
- Sobrevivendo, sem esperanças de um futuro brilhante: 54
- Plenamente satisfeito: 49

Indicador de momento de carreira — acima de 60 anos

- Apaixonado pela profissão, mas com poucas recompensas financeiras: 7
- Cansado, em busca de mudanças: 1
- Em plena ascensão e confiante: 2
- Estabilidade conquistada, mas distante de um propósito: 3
- Estagnado e angustiado: 0
- Iniciando a carreira e ainda confuso com o caminho: 0
- Iniciando a carreira e com grandes expectativas: 14
- Sobrevivendo, sem esperanças de um futuro brilhante: 0
- Plenamente satisfeito: 3

5. Indicadores e insights: métricas essenciais que podem potencializar o desenvolvimento de uma carreira de sucesso

- 52% dos participantes possuem grandes expectativas em relação à sua evolução profissional.
- 15% dos participantes estão em busca de mudanças que possam ressignificar suas carreiras.
- 4,2% dos participantes se dizem plenamente satisfeitos com suas carreiras.

Estagnação é um verdadeiro pesadelo para qualquer profissional, independentemente do seu nível de experiência.

A pesquisa mostra um número expressivo (52%) de profissionais que se sentem esperançosos com o rumo de suas carreiras.

Em contrapartida, 15% dos profissionais sentem que esse é o momento ideal para promover mudanças em sua trajetória profissional.

Por que tantas pessoas se sentem insatisfeitas com suas carreiras?

O excesso de tarefas, a falta de perspectiva de crescimento e a ausência de uma comunicação assertiva com os líderes são alguns dos principais motivos que geram insatisfação no trabalho.

Mas como manter a motivação em meio a tantos obstáculos?

O ideal é fazer uma análise detalhada para entender se essa satisfação está relacionada:

- ao cargo exercido;
- à escolha incorreta da profissão;
- à empresa na qual você está trabalhando atualmente.

Você tem medo de encarar as mudanças necessárias?

Não é a falta de oportunidade que nos mantêm paralisados diante de um desafio, e sim o medo de encarar as mudanças. Permanecer na zona de conforto pode ser tentador à primeira vista, mas é justamente esse tipo de comportamento que pode comprometer o seu futuro profissional. Nossa satisfação no trabalho está intrinsecamente relacionada ao nosso propósito. Você já parou para pensar no seu?

Trabalhar para pagar as contas nunca deveria ser o principal fator de motivação na sua carreira. É preciso paixão e propósito para impulsionar o seu crescimento.

6. Conclusão

Existe uma verdadeira legião de profissionais insatisfeitos com o atual momento de carreira. Você é um deles?

Toda jornada profissional exige engajamento e comprometimento. Para alcançar os objetivos estipulados, é preciso transformar sua insatisfação em um incômodo produtivo.

Muitas pessoas acabam se engajando na organização em que trabalham em vez de criarem um engajamento genuíno em suas próprias carreiras.

Não espere que a empresa crie o ambiente ideal de engajamento. Você deve assumir o protagonismo da sua carreira para conquistar resultados até então inimagináveis.

Aprecie cada etapa, comemore cada conquista e aprenda a valorizar as pequenas vitórias. Essa é a verdadeira reinvenção do profissional!

Parte 2

O mundo corporativo do futuro?
Não, do presente!

Em 2009, consegui reunir opiniões riquíssimas de grandes nomes do mundo corporativo sobre o futuro das organizações e as competências fundamentais para prosperar neste novo cenário. Porém, o fato é que o mundo é impactado por inúmeras variáveis, o que torna impossível prever o futuro. Mas, ainda assim, muitas tendências apresentadas em nosso estudo nunca foram tão atuais. Isso não prova, no entanto, que tenhamos uma visão além do alcance, e sim que o mercado sempre clamou por um profissional livre e capaz de resolver os problemas cotidianos.

O estudo foi realizado com cinquenta profissionais de 15 estados brasileiros: 16 empresários, líderes e executivos atuantes no mundo corporativo; 16 jovens empresários; e 18 especialistas de mercado e desenvolvimento humano.

Preocupei-me em reunir opiniões diversas para apresentar ao leitor informações variadas, visões diferentes e, por vezes, divergentes, o que enriquece o estudo. Portanto, entrevistei líderes de diversos segmentos (empresarial, esportivo, político, associativista), jovens empresários de diferentes segmentos empresariais, empresários e executivos de pequenas, médias e grandes empresas, além de especialistas de distintas áreas que interagem com o mundo corporativo.

Doze anos depois, meu único trabalho foi revisitar o estudo, analisar as opiniões e concluir que o futuro nada mais era do que o presente que estava diante de nós o tempo todo. As projeções eram, na verdade, um grito de socorro para acalmar as aflições das organizações e do mercado. E, agora, mais de uma década depois, tenho apenas uma certeza: esqueça as projeções e reinvente-se imediatamente, pois as dores estão cada vez mais latentes.

PRIMEIRO ESTUDO: AS ORGANIZAÇÕES EVOLUTIVAS
Os cinco grandes saltos das organizações evolutivas.

SEGUNDO ESTUDO: INVESTIMENTOS DAS ORGANIZAÇÕES EVOLUTIVAS
Os quatro investimentos das organizações para a reinvenção.

TERCEIRO ESTUDO: O PROFISSIONAL DA NOVA ERA
As quatro inteligências do profissional livre.

Primeiro estudo

As organizações evolutivas

O objetivo principal é saber quais são as competências fundamentais para prosperar no mundo corporativo do futuro. Com esse objetivo, tornou-se fundamental identificar as tendências de atuação das empresas nesses momentos de intensas transformações. Dessa forma, conseguiremos compreender por que as competências apresentadas serão realmente necessárias no futuro.

Questão de embasamento:

Como as empresas devem atuar nesses momentos de intensas transformações?

A empresa evolutiva forma profissionais livres

Este é o capítulo adicional à pesquisa que foi realizada em 2009. Relendo o estudo, percebo que muitas coisas ditas lá atrás nunca foram tão atuais. Além disso, contribuo com a minha jornada e com a experiência de mais de 250 empresas atendidas nos últimos anos.

Tenho um hábito que me acompanha desde sempre: ao iniciar um programa de formação dentro de uma organização, converso com diversas pessoas que serão impactadas pelo desenvolvimento. Isso me proporciona uma visão mais clara sobre os desafios da organização e os anseios dos profissionais que ali constroem as suas carreiras. Agora imagine manter esse hábito por mais de 13 anos? Foi o que fiz. Portanto, as reflexões que acrescento ao estudo têm como base a experiência de centenas de profissionais com quem tive a oportunidade de conversar pessoalmente, além de outros milhares de entrevistados pelo nosso time.

Como reter um profissional livre?

Percebeu a contradição na própria pergunta? Um dia, estava falando sobre o tema em uma reunião, quando um empresário, incomodado com o meu discurso, questionou: "Alê, o conceito do profissional livre é muito bacana para o profissional, mas para a empresa não me parece um bom negócio. Como eu vou reter um profissional livre?". Para responder a essa pergunta, precisamos mergulhar um pouco mais profundamente para compreender as inconsistências dos pensamentos corporativos.

Primeiro: é impossível reter um profissional livre. Óbvio. Se sou livre, não serei retido em lugar nenhum. Ou você é livre ou é refém. A liberdade exige um caminho sem barreiras, e retenção indica que há obstáculos. Ou seja, fico porque recebo meu salário; fico porque a empresa tem bons benefícios; fico porque preciso do emprego; fico porque não tenho outra opção; fico, mas, se pudesse, não ficaria. Isso não é liberdade, é prisão.

E piora muito quando a expressão é retenção de talentos. Que coisa horrível isso. Vou prender os seus melhores recursos comigo e, para isso, eu pagarei bem. Essa expressão — que eu mesmo já utilizei tanto — não faz o menor sentido. Até porque, mesmo que a pessoa fique, quem garante que ela utilizará os seus melhores talentos?

Alto desempenho é uma questão de liberdade

Você nunca terá um profissional de alta performance no seu time se ele não quiser ter alta performance. Você não consegue obrigar ninguém a ter um alto desempenho. Ele pode precisar do emprego, depender muito daquilo e, ainda assim, não entregar tudo o que pode. Sem um real motivo, sem o motivo dele, a entrega sempre será a "melhor possível".

Portanto, esqueça a expressão retenção de talentos. Retenção é para aqueles profissionais que não têm opção. Os talentosos sempre têm, por isso são livres.

A pergunta está errada!

A pergunta correta é COMO ENGAJAR UM PROFISSIONAL LIVRE?

Engajamento e liberdade não são palavras complementares, são sinônimas. Engajamento é fazer por livre e espontânea vontade o que tem que ser feito. Logo, a única maneira de ter (e não manter) um profissional livre na sua empresa é construindo um ambiente favorável ao engajamento, para que o profissional queira estar ali. Ele é livre e quer estar ali. E por querer estar ali, tem liberdade para manter um alto desempenho e fazer o que precisa ser feito!

Engajamento é o equilíbrio entre fatores racionais e emocionais

Fatores racionais: aquilo que todo mundo tem e precisa ter — salário, remuneração variável, bônus, premiação, benefícios etc. Tudo aquilo a que todos têm acesso é um fator racional. É fundamental e contribui de forma expressiva para o engajamento. Mas sabemos que não é apenas isso o que motiva.

Fatores emocionais: aquilo que foi ofertado apenas para mim — reconhecimento, evolução, oportunidades de crescimento, desafios, demonstração de confiança, autonomia, enfim, aqueles elementos que impactam diretamente os meus valores pessoais e o meu propósito de vida e carreira.

O equilíbrio entre os fatores racionais e emocionais é determinante para proporcionar um senso de pertencimento às pessoas e, assim, despertar o engajamento. Esse é o ambiente corporativo que dá certo, que tem a coragem de esquecer os conceitos de retenção e que forma profissionais livres, que estão na empresa simplesmente porque querem estar.

Permanência não significa engajamento, nem resultados

"Alê, e se eu investir no profissional e ele deixar a empresa?" A pergunta também é outra: qual resultado esse profissional me trouxe enquanto ele esteve conosco? Eu prefiro um profissional que fique na empresa por três anos engajado e mantendo uma alta performance do que um que fique dez anos por falta de opção. Eu posso garantir: algumas pessoas deixam mais saudade (e resultados) em três anos do que muitas em dez.

A empresa evolutiva precisa focar seus esforços na construção de ambientes que valham a pena, que sejam prósperos e repletos de oportunidades de crescimento. E não importa se esse crescimento é horizontal ou vertical, mas as chances precisam estar claras. Se você tem uma pequena empresa, como eu, sabe que não existem muitas oportunidades de crescimento vertical, mas quais são as possibilidades horizontais? Projetos ousados, sociedade, participação financeira em clientes estratégicos, enfim, como as pessoas podem crescer ao seu lado?

Um case real para inspirar a sua gestão

Há alguns anos, eu me permito estudar fora do país para conhecer novas culturas, metodologias e inovações. Em uma dessas imersões, fui realmente impactado por uma cultura empresarial que mexeu com a minha percepção sobre negócios e realização profissional. Considerei essa experiência um marco na minha vida, pois me abriu os olhos para a evolução que as empresas precisarão encarar.

O que eu aprendi em Mondragón?

A Corporação Mondragón é uma federação de cooperativas oriunda do País Basco, na Espanha. Constitui o maior grupo empresarial basco e o sétimo da Espanha, bem como o maior grupo cooperativo do mundo.

Na Corporação Mondragón, aprendi muito sobre construção de equipes livres. Mondragón tem um modelo de atuação organizacional único: bonito, mas bem complexo se olharmos com as nossas lentes. Vou explicar melhor, mas antes quero falar sobre as palavras que mais ouvi durante minha imersão lá: colaboração, compartilhamento, ética, pessoas, cultura, intercooperação, educação e formação profissional. Essas palavras aparecem quando visitamos a Universidade de Mondragón, quando aprendemos sobre sistema cooperativista, gestão de pessoas e inovação. Também ouvi isso em um painel com líderes de diferentes empresas da Corporação e também em visitas que fizemos a grandes organizações do conglomerado de cooperativas de Mondragón. Logo ficou muito evidente que estávamos vivendo uma cultura diferente, um modo de ser, pensar e agir de forma cooperativa.

Entendendo Mondragón

Mondragón é formado por um grupo de 98 cooperativas distribuídas globalmente, sendo a maior parte situada na Europa. Essas cooperativas empregam oitenta mil pessoas em todo o mundo, e têm como base fundamental de sua estrutura o cooperativismo, ou seja, o trabalho e o capital têm o mesmo valor. Explico: as organizações não possuem um dono; o capital é distribuído entre os funcionários, que são, em sua maioria, sócios da cooperativa. Começam como funcionários e, depois de cumprirem alguns critérios, são convidados a se tornarem sócios. Esse convite é feito sob a condição de que aportem capital próprio para o ingresso na sociedade. A partir desse momento, participam dos lucros e prejuízos da cooperativa.

Algo que nos impactou fortemente foi saber que, devido ao regimento das cooperativas, o maior salário da organização, ou seja, do presidente da operação, é, no máximo, sete vezes maior do que o menor salário — na prática, a diferença chega a quatro vezes mais, por conta das regras fiscais do país (quem ganha mais paga muito mais impostos). Essa é a maior diferença entre as empresas cooperativas e as capitalistas. O modelo adotado gera uma sociedade mais igualitária por meio de uma distribuição de renda mais justa.

Para ilustrar, nos Estados Unidos, 20% da população detém 80% da riqueza do país. Em Mondragón, a renda está distribuída de forma mais equalitária entre 97% da população: 35% têm um salário médio entre € 1.800 e € 2.300. O salário máximo pode chegar a € 8.000. Essa é a forma de distribuição de renda adotada pela comunidade de Mondragón.

O impacto da educação de Mondragón na minha vida foi gigantesco. Lembro-me de ter ficado muito impressionado no Massachusetts Institute of Technology (MIT) pelo seu método de ensino, que faz do aluno o protagonista do aprendizado.

Acabei me aprofundando nos resultados produzidos pela instituição: por meio das inovações que dela surgem, seus próprios alunos criaram empresas que somam trilhões de dólares em faturamento em todo o mundo. Ficou muito evidente o poder de uma educação com foco na construção de protagonistas para a edificação de uma sociedade mais livre e geradora de riquezas.

Fiquei profundamente sensibilizado por um modelo de negócios que realmente coloca as pessoas no centro dos objetivos profissionais. E isso vem da essência de Mondragón, pois seu início se deu com a criação de uma escola profissionalizante, acreditando em uma sociedade próspera por meio de profissionais preparados. Olha o protagonismo aí! Nada de esperar pelo governo; a sociedade se moveu. E essa cultura se solidificou em Mondragón, estendendo-se para as suas organizações. É possível extrair grandes lições para os nossos negócios e, principalmente, para a nossa vida. Mondragón me incomodou!

Eu nasci, fui criado, trabalhei e empreendi em uma sociedade capitalista, ou seja, o capital manda e o trabalho é um recurso. Imagine ter uma ideia bilionária, digna de uma startup que será vendida por bilhões daqui a poucos anos. Agora, em vez de ser o dono dessa ideia, o detentor do capital, você a distribui entre centenas de pessoas; dentre elas, você será o presidente e terá um salário que não ultrapassará quatro vezes o menor salário da companhia, além do mais importante: a sua opinião vale o mesmo que a de todos. O seu voto vale 1 e o voto do seu mais singelo colaborador também vale 1. A sua gestão tem um tempo determinado e você deverá passar o poder adiante depois de um período. O que você escolhe? Ser dono de uma empresa capitalista ou sócio de uma cooperativa? Mondragón escolheu o cooperativismo.

Eu, particularmente, tenho certa dificuldade em pensar no meu negócio como uma cooperativa. Infelizmente, não tenho (ainda) uma mentalidade evoluída dessa maneira. Mas, independentemente do negócio — capitalista ou cooperativista — o modelo de gestão adotado pelas cooperativas de Mondragón é um grande exemplo a ser seguido.

Apesar de ser um modelo intenso e complexo para as nossas atuais estruturas organizacionais, vou resumir a gestão de Mondragón em cinco pilares:

1. Participação

Esse é o nome do jogo. Mondragón é uma organização cooperativista, logo, a participação é obrigatória. Mas vai além da obrigação: a gestão preza pela efetiva e genuína participação. Fiquei muito feliz ao entender esse modelo de atuação organizacional, pois defendo com unhas e dentes o poder da participação. Os meus livros — todos eles — não me deixam mentir. Em especial, meu último livro, *Não negocie com a preguiça,* traz a participação como o ponto primário e vital para o engajamento e o pleno envolvimento das pessoas e equipes. Se eu não participo (apenas executo), não me sinto parte. E sem pertencimento não há engajamento. Participar, de forma muito prática, significa resolver problemas conjuntamente, compartilhar a construção das estratégias, confiar na resolução dos desafios — enfim, tornar as pessoas verdadeiras protagonistas do seu trabalho e dos resultados da empresa.

2. Intercooperação

Esse termo é tão exaustivamente repetido em nossa formação quanto vivenciado intensamente. No modelo de Mondragón, as cooperativas apoiam umas às outras, fazem negócios preferencialmente entre elas, dividem conhecimento, gestão e tecnologias. E, mais do que isso, as empresas cooperadas se ajudam, inclusive, financeiramente. Uma cooperativa, em decisão coletiva e democrática de seus sócios (funcionários), pode — e isso já aconteceu inúmeras vezes — abrir mão da divisão de resultados para socorrer uma empresa do grupo que passa por uma situação difícil. Isso em prol de algo maior: a sustentabilidade das organizações, dos empregos e de uma sociedade mais justa. Em resumo, se eu tenho mais condições, ajudo quem está precisando se desenvolver.

Leve a intercooperação para a sua equipe e veja sua empresa decolar. Não valorize apenas o resultado individual; mostre que a colaboração tem um alto valor. Se um vendedor atinge metas constantemente, reconheça essa conquista; valorize-o ainda mais por contribuir para os colegas que não têm o mesmo desempenho. A área de marketing vai bem? Parabenize a equipe, mas a incentive a olhar para outras áreas e oferecer apoio. O clima de extrema competitividade tem destruído as organizações e adoecido as pessoas. Cooperem internamente e concorram externamente com ainda mais energia.

3. Humanização

Fizemos diversas visitas a cooperativas do grupo — organizações de um impacto tremendo na economia do país — e, dentre elas, uma visita me marcou muito: o Grupo Eroski, uma cooperativa do setor de distribuição de alimentos que possui sócios-trabalhadores e sócios-consumidores.

Além de seguir fielmente a forma de trabalho cooperativa, a preocupação da organização com a sociedade é admirável.

É uma forma de trabalho com valores fortes e inspiradores. Dentre diversos pontos explanados pelo diretor geral, uma frase evidenciou muito a sustentabilidade da região colocada em prática: "Valorizamos o produtor local. Mesmo sendo mais fácil comprar de apenas um produtor (pela logística, negociação de preços etc.), decidimos distribuir riqueza, pois comprar de apenas um centralizaria a renda." Naquele momento, minha visão capitalista me fez perguntar: "Dessa forma, certamente, vocês não conseguem os melhores preços com os fornecedores. Como conseguem ser competitivos?"

E a resposta foi simples e rápida: "Nossa estratégia não é ser o mais barato, pois isso qualquer concorrente consegue fazer igual. Temos a marca de arroz comum entre todos os concorrentes e vendemos a preço competitivo. No entanto, o consumidor tem mais de vinte opções de arroz para escolher. Nossa estratégia está no mix de produtos e nos valores que entregamos para os nossos clientes."

Foi uma das poucas vezes que alguém conseguiu, de forma explícita, mostrar o quanto a sustentabilidade pode ser um diferencial competitivo nos negócios. Eu desenvolvo a sociedade e a sociedade desenvolve a organização. E fiquei ainda mais impressionado quando eles apresentaram os compromissos da empresa com a sociedade, denominados *Dez compromissos com a saúde e a sustentabilidade*:

- promover a segurança alimentar (controle de sódio, açúcar, gorduras etc.);
- promover a alimentação equilibrada (temos mais espaço para produtos frescos do que industrializados);

- prevenir a obesidade infantil (formamos mais de dois milhões de estudantes);
- atender às necessidades específicas de nutrientes;
- favorecer o consumo responsável (informações para decidir);
- oferecer mais produtos locais;
- facilitar o comer bem e a um bom preço;
- atender com clareza e transparência (inclusive científica);
- cuidar dos seus trabalhadores;
- impulsionar um estilo de vida mais saudável.

Percebem a coerência do modelo de trabalho de Mondragón? O lucro não é mais importante do que os valores que regem a sua cultura.

4. Resultado

Então, você deve estar se perguntando: "Tudo lindo, mas e o resultado?" Vou dar alguns números para situar o negócio:

- faturamento anual de mais de € 5 bilhões;
- 35 mil funcionários, sendo a maior parte deles cooperados;
- 4º maior grupo de distribuição de alimentos da Espanha.

Apesar de impressionantes, o que é mais surpreendente não são os números e sim os valores que embasam a organização.

5. Desenvolvimento humano

Durante nossa passagem pela Universidade de Mondragón, participamos de uma aula sobre inovação. O professor, de forma muito didática, apresentou como as pessoas são ensinadas a pensar de forma criativa e inovadora. E, mais uma vez, tivemos uma aula sobre participação, protagonismo e tudo o que falei no item 1. No entanto, um ponto da aula me impressionou. O professor nos mostrou diversas tecnologias, implementadas nas cooperativas do grupo, que aumentam a produtividade, qualidade e eficiência operacional. Até então, nenhuma novidade. O impacto se deu quando ele mostrou alguns números que reforçavam a preocupação de Mondragón com o fator humano. Nos últimos dez anos, os avanços tecnológicos foram intensos e o número de funcionários só cresceu. Ou seja, em Mondragón, as máquinas não estão substituindo o homem. Na verdade, a máquina está fazendo o trabalho repetitivo e duro, enquanto as pessoas são promovidas a cargos menos operacionais. Percebe o nome do jogo? Simples: formação e desenvolvimento constante.

Invista em desenvolvimento humano, permita a participação e você se surpreenderá com o que as pessoas são capazes de criar e contribuir.

Uma evolução como essa experimentada em Mondragón está longe de ser a realidade da maioria das empresas, mas mostra que é possível pensar em uma organização que valoriza, de fato, o ser humano e suas contribuições. Eu acredito em uma relação saudável entre pessoas e empresas — mas tanto o profissional quanto a organização precisam fazer a sua parte no processo evolutivo.

As empresas precisam dar um grande salto de gestão

As organizações, independentemente do seu tamanho, são complexas, pois operam baseadas em um princípio muito claro:

Gente trabalhando com gente para atender gente. Simples (e complicado) assim!

O problema é que o ser humano é complexo: tem sentimentos, ambições, valores, conflitos, indecisões, crenças e por aí vai. Logo, todos esses fatores causam diversas interferências nas relações, na comunicação e nos anseios, prejudicando o engajamento, a qualidade dos serviços prestados e, consequentemente, os resultados.

A origem das crises organizacionais

A grande crise é de gestão. Portanto, formar gestores, definir estratégias e garantir a sua execução é (e sempre será) o maior desafio para o crescimento das empresas.

1. A cultura da última linha

A novela é sempre a mesma: os acionistas cobram os resultados, o CEO pressiona o time de executivos, que sufocam suas equipes, que, por sua vez, desgastam o mercado. A consequência disso? O mercado percebe o desespero, aperta as negociações, as margens diminuem, o lucro despenca, as metas aumentam... e o ciclo vicioso recomeça.

Ninguém suporta mais esse jogo de entregar resultado a qualquer custo. E não podemos ignorar as consequências desse jogo. Estão aí, para todo mundo ver: as pessoas estão cada vez mais enfrentando estados de depressão, pois vivem frustradas. Trabalham, dedicam-se e, no fim do mês, seu desempenho é completamente desvalorizado por não atingir o resultado superestimado. E no dia seguinte começa tudo de novo.

Vou dizer sem nenhum pudor o real motivo desse modelo de gestão: é muito mais fácil agir assim. É doloroso, angustiante, mas é mais fácil. Você, gestor, que está lendo este livro agora, deve estar pensando: "Esse cara não tem a menor ideia do que está falando!" Não tenho a menor intenção de ser dono da razão; portanto, minhas opiniões se baseiam nas minhas crenças e experiências. E elas se reforçam a cada consultoria que realizo em diversas empresas pelo país: cobrar resultado é muito mais fácil do que atribuir valor à sua gestão.

2. A delegação para cima

Nos meus treinamentos, costumo repetir uma frase que incomoda os gestores: "Líder que fornece todas as respostas é perigoso e preguiçoso!" Olhares fulminantes me são lançados nesse momento, mas eu enfatizo sem nenhum receio de estar enganado.

É difícil, principalmente para um líder, conceber a ideia de que ele não precisa ser o provedor de soluções da sua equipe. E isso tem uma explicação simples: fomos educados de forma passiva. Ouvimos as explanações do professor, anotamos, decoramos e somos testados no dia da avaliação. O professor (mestre, líder) detinha o poder do conhecimento e todo o respeito que isso lhe proporcionava; logo, ficou gravado em nossa mente que um líder é aquele que tem todas as respostas e as fornece quando solicitado, sem pestanejar.

Acontece que, a longo prazo, essa dependência mina a nossa capacidade de investigar, analisar, criticar, decidir, julgar e resolver problemas de forma autônoma, pois automaticamente buscamos abrigo nas sábias palavras do mestre.

E nas organizações não é diferente. As pessoas são treinadas para executar as suas funções, mas não são provocadas a emitir opiniões estratégicas. Elas nem sequer têm permissão para decidir por conta própria. A hierarquia rígida, a rotina atribulada e a incapacidade de conceber o erro fazem com que a situação-problema, mesmo a mais cotidiana, seja sempre resolvida pelas mesmas pessoas. Isso, além da dependência de que falei anteriormente, desencadeia diversos outros problemas:

1. liderança extremamente operacional;
2. operação lenta e desorganizada;
3. resoluções constantemente adiadas;
4. serviços defasados;
5. dificuldade de implantação de inovações e melhorias;
6. acúmulo de justificativas;
7. acomodação e desmotivação da equipe;
8. centralização do conhecimento.

Em grande parte dos casos, esses entraves são ocasionados pela intenção positiva dos líderes de cumprir o seu papel com êxito, ou seja, prover as soluções que o cargo exige. Infelizmente, essa postura paternalista tem trazido muito mais prejuízos do que vantagens para as organizações.

3. Ausência de feedback

O ser humano, por natureza, foge de conflitos. Qualquer conversa difícil que possa evoluir para uma ameaça das relações é postergada na esperança de que a situação se resolva sozinha. E isso não é diferente nas organizações. A maioria dos líderes evita o quanto pode os momentos de feedback, na crença de que ele pode magoar as pessoas. E isso ocorre por falta de um método objetivo e constante. A falta de feedback cria uma cultura de conformismo no time, além de prejudicar as relações e transformar problemas simples em situações irremediáveis.

4. Cadê o método?

Cuidado: o resultado pode mascarar a sua ineficiência. Recentemente, fui chamado por uma grande indústria do interior de São Paulo para realizar um programa de formação com os gestores de vendas. Logo na primeira reunião, o sócio-diretor foi direto comigo: "Alê, no ano passado nós atingimos 107% da nossa meta. Comemoramos, promovemos pessoas, reconhecemos outras — enfim, estava tudo certo até mergulharmos e irmos além da última linha da planilha. Detectamos que, dos mais de oito mil pontos de venda que atendemos pelo país, 3.500 nem sequer foram visitados no último ano. Ou seja, atingimos 107% da meta atendendo pouco mais de 50% da nossa carteira. Que resultado foi esse?". Então, respondi: "Esse é o tão famoso resultado sem desempenho. O seu maior patrimônio não são os números; são os clientes. Vocês simplesmente trocaram a ordem das coisas."

É isso o que a maioria das organizações faz: elas se esquecem de que o desempenho leva ao resultado, mas o resultado por si só não garante um grande desempenho. E o que garante que esse resultado vá se sustentar?

Mas por que isso acontece? Simples. Do que são compostas as organizações? Isso mesmo, de gente! E as pessoas são assim: vivem em busca do resultado a qualquer custo. Querem o resultado, mas não gostam de se empenhar. Querem perder peso, mas, em vez de fazer dietas e realizar atividade física, preferem fazer uma lipoaspiração — ou seja, resultado sem desempenho. Nós sabemos o que pode acontecer (e geralmente acontece): a pessoa muda o corpo, mas não muda a cabeça; logo, o resultado não se sustenta por muito tempo. Entenda: o resultado precisa do desempenho para se sustentar. Os atalhos até podem trazer o resultado, mas não garantem o sucesso a longo prazo.

Perceba o que falamos até o momento e veja que criamos um fluxo interessante da realidade de muitas organizações:

Gente > foco no resultado > centralização > conflitos > ineficiência

Esse é o modelo de gestão que norteia o cotidiano de milhares de organizações pelo país. As pessoas são levadas a se concentrar no resultado e vivem frustradas, pois o seu trabalho não tem o menor valor; os líderes centralizam as decisões, criando um exército de dependentes; como não existe uma cultura de feedback, os conflitos são constantes, falta reconhecimento e a desmotivação se instala. Soma-se a todos esses fatores a ausência de um método de ação claro, prejudicando o desempenho e, consequentemente, os resultados. Então, continuamos no ciclo vicioso de uma gestão que precisa evoluir rapidamente.

Finalizo aqui o capítulo adicional e abro espaço para o estudo a seguir sobre as organizações do futuro, denominado de **Os cinco grandes saltos das organizações evolutivas**.

Os cinco grandes saltos das organizações evolutivas
As organizações do futuro

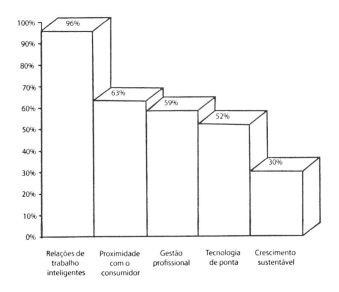

Relações de trabalho inteligentes

As relações de trabalho mudaram e continuarão evoluindo. A pandemia de covid-19 tratou de jogar na cara de empresas e gestores o fracasso do modelo arcaico de gestão. É praticamente impossível pensar no futuro sem levar em consideração o anseio da nova geração, de profissionais que está no mercado. E não falo só dessa nova geração; falo de qualquer profissional, de qualquer geração, que ocupa um espaço nas organizações e anseia por novas formas de relação empresa-colaborador. Dentre as mudanças necessárias nas relações do trabalho, destaca-se a sinergia entre colaborador e empresa.

Uma nova geração está chegando às organizações — uma geração sem muito compromisso com as empresas e sim com sua carreira, que anseia por realização, por novos desafios, e que adotará as empresas que proporcionarem isso a ela. Não é segredo para ninguém que as novas gerações de profissionais (pelo menos, os mais preparados) decidem em qual organização querem construir carreira, levando em consideração elementos que vão além do salário e benefícios (que também são importantes, mas não decisórios).

A nova geração questionará as empresas sobre valores da organização, imagem no mercado, ações socioambientais, plano de carreira e, inclusive, o modelo de gestão adotado. Essa geração quer participar, quer liberdade para inovar, opinar, pois percebeu que o dinheiro não pode ser o valor final de uma profissão, e sim a realização profissional.

É incrível, mas a cada dia as empresas estão sendo submetidas a processos seletivos que podemos denominar de seleção pelos talentos. É o processo inverso: os profissionais talentosos escolhem a empresa em que valha a pena empregar todo o seu potencial.

Novos sistemas de remuneração: As empresas tendem a aumentar os critérios de participação nos resultados para que se promova uma consciência de investidor nos seus colaboradores. Essa história de entrar às 8 horas e sair às 18 horas não existirá mais nas áreas estratégicas. Os profissionais serão cobrados por resultados e terão indicadores precisos que medirão a sua eficiência a qualquer hora e em qualquer lugar. Porém, em um mundo de extrema competição, o que prevalecerá será a inovação. Portanto, a capacidade das empresas de estimular a criatividade e o espírito empreendedor será o grande diferencial.

Criatividade é uma questão de colocar o coração no jogo: ninguém inova com a razão, e sim com o coração. E como a inovação não tem hora nem lugar para acontecer, será muito comum um profissional ser estimulado a trabalhar às 2 horas da manhã, pois teve uma ideia incrível, e com a permissão de chegar à empresa depois do almoço, motivado e cheio de energia para produzir resultados. As empresas e os profissionais precisarão amadurecer para essa nova realidade. As empresas ganharão mais com profissionais livres para inovar, e os profissionais também ganharão mais de acordo com a sua capacidade de entregar resultados.

Busca pela plenitude: As empresas vão aprender que não existe separação entre indivíduo, sociedade e família. Haverá um grande investimento para manter o colaborador saudável mental, física e espiritualmente. As empresas investirão em educação financeira para que as pessoas pensem no futuro e não destruam seu potencial criativo com problemas financeiros. Uma pessoa plena pessoalmente transmitirá essa energia profissionalmente e vice-versa. As empresas ajudarão os seus profissionais a organizarem o seu tempo com eficiência e qualidade, permitindo ao colaborador concentrar-se no presente, conquistando resultados na vida e na carreira.

Fortalecimento dos valores da empresa: O crescimento da tecnologia deve ser pautado por valores fundamentais; caso contrário, as organizações terão sérios problemas. Um colaborador com um grande acervo de recursos nas mãos pode destruir uma empresa se não o utilizar com responsabilidade. As pessoas deverão ser estimuladas a produzir resultados, sem deixar de lado os valores fundamentais para a conquista de resultados sustentáveis, que não sejam perecíveis a curto prazo.

Da mesma forma, os valores deverão ser difundidos principalmente nos relacionamentos internos. As empresas não poderão permitir que a competição destrua os times.

O conceito de *coopetição* (competição com cooperação) deverá ser a cada dia mais sustentado nas organizações. As pessoas deverão ser estimuladas a ter mais consciência do outro, a colaborar mais, a compartilhar informações em prol de um propósito maior. Um conceito tem crescido muito no mundo corporativo: a espiritualidade nas organizações. Um conceito de empresa que tem alma, que tem vida, que proporciona às pessoas a possibilidade de colocar o coração no jogo.

O fortalecimento dos valores, além de tudo o que falamos, também será importante devido a um fenômeno interessante que já ocorre hoje e continuará no futuro: a mistura de gerações nas organizações. As pessoas não estão se aposentando cedo, elas querem continuar produtivas. Por sua vez, as empresas querem inovação, mas também precisam da experiência. Essa troca de competências, se bem conduzida pelas empresas e pautada por valores como respeito, ética e flexibilidade, pode gerar grandes resultados.

Proximidade com o consumidor

Transparência: Esse é o valor que prevalecerá na cabeça dos consumidores do futuro. As empresas que puderem ser transparentes conquistarão a admiração e o respeito dos consumidores. Transparência requer responsabilidade; afinal, uma vez que você abre a porta da cozinha do seu restaurante, nunca mais consegue fechá-la.

Os consumidores buscarão empresas autênticas, que não precisam mascarar suas ações. As empresas do futuro serão honestas em produtos e serviços, buscando a qualidade acima de tudo. O consumidor será cada vez mais exigente e não se contentará com produtos e serviços padronizados, buscando itens personalizados e serviços exclusivos. O grande desafio das organizações será a logística, a maneira de integrar os elementos necessários para construir aquilo que o cliente busca. Portanto, existe uma forte tendência de alianças logísticas entre as empresas para facilitar os processos e minimizar os custos.

Segundo Luiz Alexandre Garcia, presidente do Grupo Algar, "No futuro, a palavra 'cliente' será substituída pela palavra 'seguidor'. As empresas que se atentarem a isso estarão preparadas para o consumidor do futuro".

Gestão profissional

Um mundo cada vez mais competitivo nos espera. As empresas do futuro sobreviverão se forem eficientes nos seus processos, tornando-se ágeis, com tomada de decisão rápida e menos burocracia. Isso será possível somente através da maturidade gerencial. A excelência na gestão continuará sendo uma grande solução para a sustentação das organizações; afinal, se hoje as empresas são avaliadas pela eficiência em sua gestão, no futuro ninguém investirá em uma empresa que não se preocupe com a evolução do negócio de maneira eficiente e sustentável. Portanto, a profissionalização das organizações é e continuará sendo o motor impulsionador das pequenas, médias e grandes empresas. Dessa forma, não haverá empresa que não se preocupe com a avaliação de resultados constantes em seus processos internos e externos.

Uma forte tendência também será a solução para algumas empresas que não evoluírem para esse novo cenário. Estamos falando das fusões, que a cada dia se tornam uma alternativa de crescimento de grandes organizações. Não teremos mais espaço para gestão amadora; será o fim da gestão por *feeling*.

Tecnologia de ponta

Muitos dos itens citados acima somente serão possíveis se forem implantados com alto investimento em tecnologia. A tecnologia continuará facilitando a vida das organizações em diversos aspectos, como na interatividade com colaboradores remotos, controle de resultados e processos com ferramentas de colaboração; permitindo inovações em produtos e serviços, tornando-os melhores, reduzindo custos e viabilizando a competição; tornando as empresas mais rentáveis e enxutas, ampliando canais de compra e venda por meio da internet; terceirizando diversas áreas, pois a tecnologia permitirá o controle remoto. Tudo estará interligado. A informação estará em todo lugar; quem conseguir canalizar esse processo terá uma estrutura diferenciada, rápida e ágil. Além disso, a tecnologia permitirá a criação de novos negócios, promovendo um cenário muito bom para o microempreendedorismo.

Crescimento sustentável

Preocupação com questões socioambientais; investimento em tecnologias que minimizem os impactos ambientais; consciência da importância da sociedade no processo de perenidade da organização — tudo isso sensibilizará as organizações a destinarem esforços para questões sociais vitais.

Segundo estudo

Investimentos das organizações evolutivas

Questão de embasamento:

Quais serão os investimentos que as organizações deverão priorizar no futuro?

O futuro não lhe pertence, a reinvenção, sim!

No capítulo adicional deste estudo, esclareço que o livro *A reinvenção do profissional* não tem a missão de prever o futuro; sua missão é desvendar o hoje, para que, a partir dessa nova visão, seja possível conquistar um ambiente organizacional evolutivo, favorável ao engajamento e à inovação. Muitas constatações são óbvias; outras, nem tanto. Mas ambas só valerão a pena, de verdade, se provocarem verdadeiras mudanças organizacionais.

Quando acontece uma mudança brusca no mercado, como a provocada por uma pandemia, uma nova política, uma nova legislação ou uma mudança econômica importante, a pessoa que é 100% centrada no próprio negócio não consegue imaginar além de suas paredes. A pessoa que está 100% presente no seu mundo não consegue olhar para outros cenários. Eu mesmo vivi isso. Permita-me uma breve história:

Até março de 2020, 100% do faturamento da nossa empresa vinha de eventos presenciais — palestras, treinamentos, formações, entre outros.

O dia 16 de março, segunda-feira, seria aquele em que eu partiria rumo a uma semana de eventos presenciais pelo país: eu tinha um evento em Goiânia, outro em Santa Catarina e, por último, em Belém, de onde eu voltaria na sexta-feira. No entanto, no domingo, dia 15, houve uma grande matéria no *Fantástico* sobre a pandemia, o que estava acontecendo, novos infectados e a possibilidade de um *lockdown*.

No domingo, não consegui me comunicar com nenhum dos meus contratantes. Eram 7 horas da manhã de segunda-feira quando entrei no táxi rumo ao aeroporto (meu voo estava marcado para as 9 horas) e, durante o trajeto de quarenta minutos, todos os meus eventos foram cancelados. Isso continuou ao longo da semana: toda a minha programação para os meses seguintes desapareceu. Eu estava diante de um cenário que não poderia controlar: de uma pandemia, um *lockdown*, e ninguém sabia o que aconteceria. A previsão era de que isso tudo acabaria em três ou quatro meses. Então, como ninguém marcava mais eventos presenciais, o faturamento da minha empresa começou a derreter. Foi quando começou a onda de lives e me dei conta de que precisava entrar nessa onda também. Dessa forma, comecei a fazer muitas lives. Afinal de contas, eu estava em casa e precisava mostrar movimento. O que me faz ser contratado é o movimento; já que não poderia estar em cima dos palcos, precisava estar on-line. Começamos a fazer webinários, lives, a mostrar a nossa cara para o mundo, pois precisávamos de alguma coisa para nos projetar. Mas as lives não traziam faturamento; precisávamos aprender a realizar palestras e treinamentos on-line.

Tomei a seguinte decisão: dei dois passos para trás em minha carreira, entrei em contato com alguns dos meus melhores clientes e falei que queria fazer palestra on-line de graça. Assim fiz, por um período de quarenta dias. Sabe por que fiz isso? Porque eu não sabia fazer palestra on-line, e as empresas não estavam investindo nisso ainda, não dava para saber se funcionaria, mas eu precisava me tornar bom nisso, então durante esse processo eu observava se era preciso melhorar a câmera, o áudio, o cenário... Fui me profissionalizando, evoluindo e, modéstia à parte, fiquei tão bom, que hoje minha entrega on-line é tão eficiente quanto a presencial — talvez até melhor. Eu sabia que aquelas palestras gratuitas valeriam a pena. Até porque, depois delas, fiz mais de sessenta palestras on-line pagas, cobrando bem e sem sair de casa.

Criamos um novo mercado para a nossa empresa e o nosso trabalho tomou uma proporção diferente, pois as palestras e os treinamentos on-line custavam metade do valor das entregas presenciais, e o melhor: eu e meu time podemos fazer mais entregas por dia, acessando mais empresas e pessoas.

Percebeu a decisão que eu tive que tomar? Dei dois passos para trás porque havia cometido um erro: eu era tão bom no meu trabalho presencial, que jamais imaginei precisar fazer um trabalho on-line. O mercado já vinha mostrando que havia muitos concorrentes meus fazendo isso muito bem, mas eu achava que o meu diferencial era o presencial; nunca imaginei passar por uma pandemia — esse foi o maior erro da minha vida. Afinal, eu tinha certeza de que poderia ter feito um trabalho ainda melhor, muito melhor, mas eu não havia me preparado para isso, não havia feito a lição de casa.

Demorei a me reinventar, mas eu e minha equipe fomos a campo, construímos uma plataforma, profissionalizamos as entregas on-line, investimos... Eu me reinventei de verdade e preciso ficar atento às novas ondas do meu negócio para não cometer o mesmo erro.

Sabe por que contei essa história? Para você entender que, quando você é especialista em alguma coisa, corre o risco de fechar os olhos para outras oportunidades. A única certeza das organizações é a de que precisam continuar investindo naquilo que acelere a reinvenção constante.

Se a missão do primeiro livro sobre esse tema era prever o futuro, este relançamento não fará isso — até porque o futuro é agora; precisamos nos preparar para o que está acontecendo hoje.

Nossa preocupação é proporcionar uma visão sobre as transformações do mercado e da sociedade, a fim de auxiliar as organizações nas tomadas de decisões.

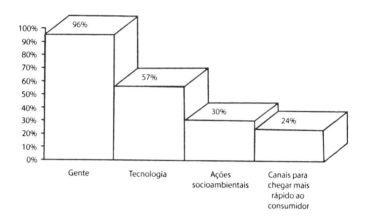

Investimentos das Organizações Evolutivas

Os quatro investimentos das organizações evolutivas

Gente

Praticamente 100% dos entrevistados citaram este ponto como sendo um investimento indispensável das organizações do futuro. Todas as tendências apresentadas na pesquisa anterior só serão colocadas em prática se houver o envolvimento das pessoas; não existe alternativa. As empresas deverão concentrar seus investimentos em:

Recursos Humanos: Construir um RH estratégico que participe verdadeiramente das ações da empresa; um RH especialista em recrutamento e seleção, que atraia os melhores talentos — porém, os talentos certos, pois as organizações não poderão perder dinheiro com contratações equivocadas.

Segundo Raul Candeloro, editor-chefe da revista *Venda Mais*, "O RH terá a grande missão de tornar-se um departamento de cultura interna, que mantenha acesa a essência da empresa e que mova as pessoas por um ideal. O RH do futuro focará na qualidade de vida dos seus colaboradores, mantendo-os saudáveis física, mental e espiritualmente".

Treinamento e desenvolvimento: O grande desafio das organizações do futuro será manter os seus talentos humanos e fazer com que se comprometam. A nova geração de profissionais buscará novos desafios e não aceitará nenhuma função que não exija o máximo de suas capacidades.

As organizações do futuro deverão tirar as pessoas da zona de conforto para mantê-las motivadas e realizadas. Além disso, o comprometimento dessa nova geração será proporcional à capacidade da empresa de dividir com eles projetos e decisões.

A nova geração é movida por realização e está buscando fazer mais do que gosta e, por isso, quer participar intensamente. No entanto, tirar da zona de conforto e desafiar as pessoas é o primeiro passo desse processo, e será fundamental desenvolvê-lo para que seja possível alcançar os melhores resultados.

Desafio sem preparo gera frustração. As organizações deverão preparar as pessoas para o futuro, desenvolvendo competências diversas para que elas estejam aptas a encarar os desafios quando surgirem. O foco sempre será na formação de novos líderes, por meio de educação formal, treinamentos intelectuais, coaching e mentoring. Além disso, é fundamental que as organizações desenvolvam as pessoas para julgar e tomar decisões.

Segundo Luciano Pires, autor do livro *Brasileiros Pocotó*, "As pessoas precisam aprender a julgar; você pode ensinar habilidades a alguém, mas se ele não souber analisar as situações por diversos ângulos e tomar decisões acertadas, poderá cometer graves erros".

Tecnologia

O investimento em tecnologia será essencial, com destaque para: softwares avançados de gestão que permitam a interação com colaboradores remotos; inovações em produtos e serviços; ampliação de canais de compra e venda por meio da internet; e controles remotos que permitam a terceirização de diversas áreas.

Ações socioambientais

Ações socioambientais; disseminação de uma cultura sustentável entre os colaboradores; treinamento e desenvolvimento da equipe sobre questões socioambientais; incentivo à participação ativa dos colaboradores em questões sociais e ambientais.

Canais para chegar mais rápido ao consumidor

Conhecimento sociocultural; inteligência de mercado; marketing; planejamento; relacionamento; parcerias estratégicas.

Terceiro estudo

O profissional do futuro, ou melhor, do presente!

Assim como a previsão de 2009 sobre as organizações do futuro nos mostrou que nada mudou nos tempos atuais, com as competências não foi diferente.

Os profissionais entrevistados foram convidados a visualizar o mundo corporativo do futuro e encaixar as competências necessárias para prosperar nesse novo cenário.

Nas cinquenta entrevistas realizadas, diversos conhecimentos, habilidades e atitudes foram citados como competências fundamentais para o profissional do futuro. Após reunir as informações, concluímos que a competência do futuro é constituída por um conjunto de quatro inteligências que possibilitam obter grandes resultados em qualquer cenário do mundo corporativo.

E a conclusão, depois de analisar profundamente o mercado por mais de uma década, é que as competências projetadas em 2009 nunca foram tão atuais e necessárias. Diante dessa constatação, mergulhei no estudo e o atualizei com os desafios do mundo contemporâneo e o que está por vir — isso é algo que pode mudar o seu plano de desenvolvimento, a sua trajetória e os seus resultados.

O profissional livre — um ser integral

A riqueza desta obra está na diversificação das opiniões coletadas, resultando em competências abrangentes para prosperar em qualquer cenário profissional. O estudo apresentou inteligências que, aliadas, constroem um conjunto de recursos que projeta o profissional para a única certeza desta obra: **o profissional do presente é livre!**

Muitas vezes não conseguimos mudar o contexto em que vivemos, mas podemos mudar a nossa ação. Você não consegue mudar a sua empresa, mas tem capacidade de ser um profissional melhor para ir atrás de outra oportunidade ou merecer melhores postos na sua própria empresa.

Talvez você não consiga mudar a realidade que sua família vive hoje, mas se você mudar o seu comportamento, vai mudar a sua realidade e somente assim poderá contribuir para mudar a realidade da sua família. Isso é assumir a responsabilidade!

O profissional que se reinventa é livre e entende que pode trabalhar em qualquer lugar, para qualquer projeto, pode ser um empreendedor individual ou ter um negócio próprio — não importa, pode decidir que tipo de profissional quer ser. A reinvenção tem esta missão: **tornar você um profissional livre.**

Será que realmente estou conduzindo um processo que me leve a conseguir uma carreira mais livre, mais independente, mais centrada e com mais resultados? Isso é ser livre.

Quando você se coloca como refém de um emprego, não está sendo livre; quando você cuida da sua carreira, da sua imagem, da sua reputação e do seu desenvolvimento, você não fica refém de emprego, pelo contrário: você se liberta, pois agora começa a ser desejado pelo mercado. A palavra da vez não é mais empregabilidade, é liberdade. E para falarmos disso, abordaremos algumas competências que um profissional livre precisa ter:

Cabeça voltada para projetos

Um profissional livre tem a cabeça voltada para a gestão de projetos. Olha que interessante: ele não pensa no trabalho que tem que fazer ou no próprio emprego; ele pensa no projeto. Então, ao entrar numa empresa, independentemente do cargo, ele identifica sua função e transforma isso em um projeto. Qual é a diferença? Há uma implantação de começo, meio e fim em tudo o que se faz. Quais são os problemas dessa área? Quais são os resultados que essa área deve entregar? Quais são as soluções que precisa promover ao mercado? Ao pensar nisso, estabelece um projeto — por exemplo, reduzir custos operacionais, aumentar vendas, melhorar a relação com o cliente, diminuir encargos trabalhistas etc.

Com um projeto em mente, fica muito mais fácil apresentar resultados. A pessoa que trabalha com gestão de projetos tem o currículo muito mais valorizado. Imagine você poder colocar no seu currículo que, quando entrou na empresa, a área em que você atuava funcionava de uma forma e, depois de diversas mudanças realizadas por você, os ganhos da área foram maiores. Perceba como a entrega de projeto traz mais valor; veja o exemplo deste texto: "Trabalhei em determinada empresa na área de contas a receber e, nos primeiros seis meses, implantei um projeto para redução de inadimplência, obtendo como resultado uma queda de 30%." Consegue identificar o impacto dessa informação em um currículo? Esta é uma dica fundamental: quando você entrar em um negócio, em uma empresa, quando for vender alguma coisa para o seu cliente, não pense só no trabalho: pense no projeto. Qual é o projeto que eu quero entregar?

Algumas empresas já funcionam assim; algumas, mais arrojadas, não têm nem cargo mais, nem líderes; as pessoas entram, assumem um projeto, fazem ou não fazem, não há mais ninguém para ficar cobrando, cada um é responsável por seu projeto. Se o fizer bem, ganha mais por isso, recebe as suas promoções; se não o executa, está fora.

O mercado está de portas abertas para o profissional com cabeça voltada para projetos. Aqueles que batem na porta de uma empresa e dizem "Estou buscando um emprego, esse aqui é o meu currículo" estão fora!, ao contrário daqueles que assumem a postura do discurso "Quero melhorar a sua área de vendas, a sua área de cobrança", "Tenho um projeto para impulsionar a sua área jurídica", "Tenho um projeto incrível para melhorar a sua gestão de suprimentos". Quando você tem um projeto, você é desejado;

quando você só tem um currículo, é só mais uma pessoa procurando emprego.

Uma dica para fazer agora: pegue o seu currículo, olhe as empresas nas quais trabalhou e, em vez das funções que você exercia, coloque quais projetos você realizou. *Alê, eu tenho dificuldade para identificar isso, porque eu nunca pensei dessa forma.* Dedique um tempo para fazer isso: quais projetos você realizou, o que era a empresa antes de você trabalhar nela e no que se tornou depois? Quais foram as ações que você colocou em prática e quais resultados teve? Isso servirá para a empresa em que você vai trabalhar, para o cliente que você vai atender... Com isso, você será muito mais valorizado.

Marketing de reputação

Um momento que fez com que eu me apaixonasse ainda mais pelo estudo do comportamento humano foi quando li uma frase da saudosa consultora Dulce Magalhães, em um artigo sobre marketing pessoal, que dizia: "Marketing Pessoal não é divulgar uma imagem melhor de nós mesmos, mas nos tornarmos pessoas melhores." Esse foi o mais amplo conceito de imagem profissional que eu li até hoje. Essa frase ficou gravada em minha memória e norteou muitos comportamentos na minha carreira, pois sempre que coloco um comportamento em prática, transmitindo assim a minha imagem, frequentemente me pergunto: será que é apenas uma máscara ou eu realmente adquiri esse novo comportamento? Tornei-me uma pessoa melhor?

Quando se é livre, há um entendimento sobre o fato de que a carreira é uma decisão, uma consequência da maneira como se é vendido para o mercado. O que significa se vender para o mercado? Entender que todos os seus pontos de conexão podem ser um fator importante para alavancar ou derrubar você como profissional. Os pontos de conexão são seus colegas de trabalho, seu chefe, outras pessoas da empresa, até mesmo aquelas com as quais você não tinha muito contato; seus amigos, sua família — todas essas pessoas são pontos de conexão. A sua rede social é um ponto de conexão da sua carreira: se você não cuidar bem dela, se todo mundo lá enxergar você como uma pessoa ruim, ainda que tenha uma carreira positiva, isso vai prejudicar você.

Alê, então quer dizer que eu tenho que viver pela minha carreira? Não, você tem que fazer aquilo que é importante para você. A sua carreira é importante para você? Então a valorize, use sua rede social para falar sobre aquilo que você faz, para fazer um bom marketing pessoal.

Imagine a seguinte situação: você é um profissional que faz um bom marketing de reputação com as pessoas com quem você trabalha, na sua rede social, mas, entre os seus amigos mais próximos, diz que odeia a empresa, que faz corpo mole, que falta sempre que pode. Se abrisse uma vaga dentro da empresa onde seu amigo trabalha, você acha que ele vai indicar você? É claro que não, sabe por quê? Porque a indicação é algo muito sério. É por isso que o marketing de reputação tem que estar presente em todos os pontos de conexão. É preciso valorizar suas trajetórias. Só tem uma pessoa que pode desvalorizar sua carreira: você. É isso o que fazemos, muitas vezes, quando falamos mal da empresa para nossa família, quando dizemos que não vamos estudar porque estamos com preguiça — a nossa própria família começa a nos desvalorizar e isso pode acabar com a sua confiança pessoal e profissional.

A reputação é nosso maior patrimônio. Se você não gosta do seu trabalho, está no seu direito, mas é preciso valorizar o seu estado atual para chegar ao estado desejado. Não é desvalorizando onde está agora que você vai chegar a um patamar diferente.

Foco no cliente

A competência do profissional livre é concentrar-se no cliente. Já sei, você está pensando: *Alê, mas eu não tenho cliente, eu trabalho dentro de uma empresa na área administrativa.* É preciso mudar seu foco; assim, o líder passa a não ser mais o seu chefe: ele é seu cliente; as pessoas que trabalham com você não são mais seus colegas de trabalho, são seus clientes; a empresa não é mais a sua empregadora, é sua cliente. Quando você tem essa visão, tudo muda, sabe por quê? Porque você começa a entender que o seu chefe não será seu chefe para a vida toda naquela empresa; ele pode ir para outra empresa e levar você com ele. Percebe que o seu colega pode ser, daqui a algum tempo, um chefe, e então ele vai valorizar você? E se você decidir por uma carreira empreendedora, seus colegas de trabalho o contratariam?

Essa mudança de foco faz com que a sua reputação, a sua entrega e, principalmente, o seu nível de indicação e de evolução profissional nunca voltem a ser os mesmos.

Isso aconteceu comigo, em 2007. Eu estava muito feliz e realizado trabalhando na rede Skill Idiomas. No meio do ano, a rede foi comprada por outro grupo. Quando isso aconteceu, fui convidado a continuar exercendo a minha função, mas achei aquele momento muito propício para abrir a minha própria empresa. Então, disse a eles que não continuaria, mas que poderia ficar até o fim do ano ajudando na transição e eles concordaram. Sabendo que ficaria somente até o fim do ano, eu poderia muito bem não ser um funcionário "exemplo" — mas fui; nada mudou na minha postura, mantive a mesma reputação. Afinal de contas, queria que o grupo fosse cliente da empresa que eu estava planejando abrir.

Percebeu a diferença? Não é mais olhar as pessoas como colegas dos quais você gosta ou não, é enxergar todo mundo como cliente, buscando sempre alavancar a sua carreira e ampliar a sua reputação. Entendeu como a visão muda? Você começa a enxergar as coisas de uma forma muito mais especial; o foco no cliente, indiscutivelmente, é uma grande competência do profissional livre.

Lógica financeira

Você me diz: *Eu odeio finanças*. E eu retruco: eu também. *Alê, eu não suporto olhar uma planilha de Excel*. Eu também não. Não importa se você gosta ou não: a visão financeira, a gestão e a lógica financeira são vitais para qualquer carreira.

Se você é de humanas, entendo que o trabalho que você faz nessa área tem que, de alguma maneira, impactar financeiramente a empresa onde você trabalha; se não impactar de forma positiva, esse projeto não tem valor. A lógica financeira é aquela da redução de custo, a mesma da visão de dono, ou seja, entender o projeto dentro de uma estrutura financeira. Por exemplo, apresentei um projeto superlegal da área de recursos humanos, que vai gerar engajamento, motivação — vai ser bacana. A pergunta é: quanto isso custará para a empresa? E o mais importante: qual resultado financeiro gerará? Sabe por que isso é importante? Porque serão essas as perguntas que o conselho fará. Isso faz parte da lógica financeira. Dentro de uma empresa, você tem duas opções: ou você é custo ou você é lucro. Se você é o tipo de profissional que não entrega resultado ou não entende a visão da lógica financeira, você é custo; se você frequentemente mostra para a empresa que o investimento feito em você foi transformado em renda, em benefícios, você é lucro.

O currículo do profissional contemporâneo

Se o mercado mudou, se o mundo mudou, com o currículo não seria diferente. Não pretendo ensinar a fazer um currículo — não é a minha especialidade —, mas existem alguns pontos que são vitais para um profissional que deseja construir uma grande trajetória e se destacar entre os demais.

São três pontos essenciais:

1. **Qual é o seu objetivo?** Isso precisa ser claro, específico e demonstrar a sua proposta de valor. Em qual área você pode entregar resultados? Onde suas competências seriam mais bem exploradas?
2. **Resultados conquistados.** As pessoas, geralmente, só colocam atividades exercidas. Isso é importante, mas realçar os resultados que você conquistou também é. Se você não tiver experiência, fale sobre a contribuição que você quer dar à empresa. De que maneira você vai fazer isso? Pode ser otimização de prazos ou ajustes de processos, por exemplo.
3. **Cursos e aprendizados.** A formação acadêmica é obrigação. Quando você mostra grande investimento em cursos, isso faz diferença. Quando você mostra diversidade de novos aprendizados, isso valoriza você. Seja estratégico ao alimentar este campo; conte uma história. Se você é da área de vendas, por exemplo, mostre os cursos que fez sobre o tema, mas enfatize a sua busca por conhecimentos diversos: finanças, mercado, marketing, empreendedorismo, *soft skills* etc.

Um currículo precisa contar uma história; afinal, é o retrato da sua jornada profissional.

As quatro inteligências do profissional da nova era

Visão de resultado

A visão de resultado é muito diferente da visão que muitos profissionais têm, aquela de chegar cedo, sair no horário e trabalhar oito horas por dia. Um profissional livre sabe que o seu trabalho precisa entregar um resultado, seja ele qual for. Se você foi contratado por uma empresa, independentemente da sua área, ela quer que você seja capaz de trazer resultados; o mesmo vale para profissionais autônomos que prestam serviços.

Quando olhamos para isso, começamos a entender que trabalho e resultados são coisas diferentes, você pode trabalhar muito e ainda assim não entregar resultados. Isso se dá talvez porque você não tenha competência, ou, ainda, porque não saiba qual é exatamente o resultado que precisa entregar. Ao pensar como profissional livre, cada ação produzirá determinado resultado.

No meu caso, por exemplo, o meu trabalho é fazer palestras, então eu sei que, ao me contratar, a empresa não quer uma palestra, quer o desenvolvimento daquelas pessoas, quer que eu gere inspiração, engajamento, motivação. Então, se eu for lá simplesmente para entregar uma palestra, será apenas uma parte do meu trabalho, pois eu sei que o cliente deseja um determinado resultado, por isso preciso me preparar para entregar aquilo. Isso serve para todo mundo, se você é advogado, arquiteto, engenheiro, médico, enfim, qualquer profissional tem a função de entregar resultados, não importa se é o cargo mais alto de uma empresa ou o mais baixo, todo mundo é contratado para entregar resultados e essa é a visão que o profissional livre tem. É o que o diferencia de qualquer outro profissional, ser uma pessoa brilhante tecnicamente e engajada com os resultados.

Quando você tem uma visão de carreira diferente das outras pessoas, automaticamente o seu nível cresce muito, chegando a patamares completamente diferentes. Eu conheci profissionais brilhantes naquilo que faziam, mas chegaram no máximo à gerência de uma empresa, pois não desenvolveram a visão de resultados. Então, a primeira pergunta que você precisa fazer ao ser contratado é: qual é o resultado que preciso entregar? Ao saber disso, você poderá canalizar toda a sua energia.

A partir de agora, o seu exercício diário será realizar todas as suas atividades cotidianas de maneira estratégica, identificando quais resultados cada uma delas trará. Assim, você se concentrará na execução, produzindo resultados e aumentando seu valor no mercado. Afinal, ainda que você tenha feito muitos cursos, MBA, pós-graduação, mestrado, doutorado, o que querem saber de você é qual resultado você entregará para a empresa; portanto, saber a diferença entre trabalho e resultado é o primeiro pilar de um profissional livre.

As inteligências serão apresentadas em percentuais para demonstrar a visão dos entrevistados em relação a cada uma delas. No entanto, perceba que elas se complementam, sendo fundamental que o profissional do futuro as integre de acordo com a exigência da sua profissão.

Questões de embasamento

- O que o mercado exigirá do profissional no futuro?
- Quais competências serão fundamentais no futuro para que os profissionais obtenham sucesso?

A inteligência do resultado

- Qual é o propósito final de uma organização?
- Por que uma empresa existe?
- Por que uma pessoa passa anos e anos da sua vida em uma universidade?
- Por que alguém abdica muitas vezes de sua vida pessoal, de sua qualidade de vida, para envolver-se plenamente no seu trabalho?

Qualquer resposta para essas indagações será resumida a resultados. Tudo o que buscamos em nossa carreira e em nossa vida pessoal é conquistar bons resultados. O que muda é o propósito de cada um — mas, no fim das contas, vivemos para atingir resultados em todas as áreas da vida. Exatamente por isso é que essa inteligência foi a mais citada como sendo um fator predominante para o profissional do futuro.

Fernando Dolabela, especialista em empreendedorismo, afirma que as perguntas que fazemos devem mudar. "Os graduados em universidades se perguntam: 'Para onde vou agora?', 'Onde tem uma gavetinha para eu entrar e ficar lá?'. Essas são perguntas da velha cultura e demonstram dependência, passividade. A pergunta deste tempo é: 'Para onde eu quero ir?', que denota protagonismo, autonomia. O indivíduo sabe o que quer e está livre para correr atrás. As grandes questões se voltam para a autonomia e liberdade do ser humano, de onde nunca deveriam ter saído: 'Quem sou e o que desejo?' volta a ser mais importante do que 'Qual competência posso oferecer ao meu empregador?'. A emoção volta a ocupar a dimensão que merece", afirma Dolabela.

O profissional do futuro deverá ter essa capacidade de pensar em resultados, tanto na escolha de uma profissão, quanto na liderança de sua equipe, no seu próprio negócio — enfim, o mundo corporativo do futuro terá espaço para quem quiser realizar e fazer acontecer e descartará, naturalmente, a passividade e o conformismo.

O consultor José Renato de Miranda destaca um ponto fundamental dessa inteligência: "Uma empresa é um negócio, antes de qualquer outro fator. Se ela não gerar faturamento, não souber manter tal faturamento via clientes, também não vai gerar outros objetivos, que é a realização pessoal e profissional do empresário. A empresa precisa ter uma meta, atingir resultados para, então, se refletir em satisfação humana, social e familiar. Antes da responsabilidade social está a responsabilidade empresarial."

Comportamentos que evidenciam a **inteligência do resultado**:

Visão de resultados

Sidney Kalaes, empresário do ramo de franquias, apresenta muito bem esta questão: "Uma coisa que eu sempre digo é que o profissional que não for líder vai desaparecer. Eu falo de liderança absoluta: a tomada de decisão tem que ser de uma pessoa voltada para a organização, para os custos, para conhecimento do seu produto, voltada para as inovações do mercado, para novas aplicabilidades do seu produto."

Outra opinião importante sobre esse tema é do especialista financeiro Gustavo Cerbasi: "O profissional tem que ter cabeça de investidor e enxergar cada momento da sua atuação, seja indo para uma reunião, seja tomando uma decisão, seja montando uma estratégia de marketing, como algo que agregue valor para a empresa. Precisa ser uma pessoa que questione a necessidade de uma reunião, a qualidade de uma campanha de marketing — enfim, tem que pensar como se fosse dono da empresa, mesmo que não seja."

Robert Wong, um dos mais destacados *headhunters* do mundo, afirma: "No meu entender, uma competência que se sobrepõe a todas as anteriores é quando o líder começa a ser líder de si próprio. Não adianta você liderar os outros se você não tem disciplina, amor próprio, não tem autoconhecimento, não tem humildade."

A capacidade de ser líder de si próprio é o resultado máximo de um processo de coaching, pois proporciona ao outro condições de lidar com os seus valores e crenças (tanto os motivadores como os sabotadores), permitindo um caminho perseverante rumo aos seus propósitos.

O profissional que aliar esse intenso desejo por resultados à competência de autoliderança conseguirá desfrutar de um comportamento incrível para prosperar no mundo corporativo do futuro.

O iatista e campeão olímpico Lars Grael afirma: "O profissional jamais deve entrar na zona de conforto; precisa sempre aceitar novos desafios e buscá-los."

A visão de resultados é a capacidade de agregar valor às suas ações, potencializando os recursos necessários para maximizar os resultados. Para adquirir esse comportamento, é necessário: comprometimento com resultados; amadurecer para as novas formas de trabalho; ter visão de longo prazo; manter-se focado; ser líder de si próprio; aceitar e buscar novos desafios; determinação.

Consciência do tempo

É fato que um líder não pode mais investir o seu precioso tempo somente em questões burocráticas e operacionais. As organizações do futuro, conforme exposto nas pesquisas anteriores, precisam ser ágeis e dinâmicas para vencer em um mercado cada vez mais competitivo. Portanto, o líder deve investir o seu tempo na estratégia, na motivação, na retenção de talentos, na inovação — e, para isso, precisará planejar-se e desenvolver a sua equipe constantemente, para que possa delegar e expandir a sua atuação.

Não apenas os líderes: todo profissional precisa entender que o seu tempo deve ser investido em ações que tragam resultados e, a cada dia, fugir das distrações que o impedem de ser produtivo.

Christian Barbosa, especialista em produtividade pessoal, afirma: "Os líderes gastam pelo menos dois terços do seu tempo com coisas urgentes e menos de um terço com coisas importantes — quando 70% do seu tempo deveria estar sendo empregado em coisas mais importantes e 30% em coisas mais simples." E complementa: "É um círculo vicioso: líderes urgentes vão criar equipes urgentes, equipes urgentes vão criar famílias urgentes e crianças urgentes. Os profissionais precisam conhecer o seu ponto produtivo e, para isso, têm que mudar não só hábitos, como também o modelo mental que vem antes dos hábitos. O grande pilar da produtividade é a pessoa entender que ela tem um modelo mental vigente, o modelo de deixar para última hora, de deixar para depois. Em vez de deixar as coisas para a última hora, eu posso fazer com dois, três dias de antecedência e ficar mais tranquilo — esse é o pilar que o profissional do futuro precisará desenvolver", orienta o especialista.

Consciência do tempo é fazer a coisa certa, na hora certa, criando as estratégias necessárias para tornar-se mais produtivo. Para adquirir esse comportamento, é necessário: delegar para manter-se uma pessoa criativa; gerenciar o tempo com eficiência; saber cobrar resultados; e não se preocupar intensamente com os detalhes da execução, utilizando mecanismos de acompanhamento.

Busca por resultados sustentáveis

Infelizmente, o ser humano teve que destruir para aprender que precisa reconstruir. A inteligência empreendedora é a inteligência da construção a longo prazo, pois o foco a curto prazo já mostrou o seu poder de destruição.

José Luiz Tejon, palestrante e escritor, afirma: "As empresas evolutivas buscam o profissional de resultado com valores. Resultado de qualquer jeito muita gente pode trazer a curto prazo, com graves problemas a longo prazo. O mercado busca a cada dia o profissional que tem consciência de resultado e ele tem que ser construído criativamente com os valores e as virtudes evolutivas."

Lars Grael complementa: "É fundamental a interatividade entre o líder e a sua vida urbana, profissional, com a natureza. O profissional do futuro deve ter a sustentabilidade como um modo de vida e não apenas como um fator competitivo".

Buscar resultados sustentáveis é a capacidade de compreender a consequência de suas ações a longo prazo, atuando com responsabilidade para minimizar impactos negativos. Para adquirir esse comportamento, é necessário: preocupar-se com a perenidade do negócio; ter consciência da necessidade da qualidade de vida; transmitir valores para a sua equipe; valorizar ações socioambientais.

Inovação

"O mercado está carente de líderes, não só de líderes de fato, que lideram pessoas e equipes, mas também de profissionais de qualquer área da empresa que ajam como líderes, que tenham um comportamento de líder. Vou explicar: um colaborador líder é aquele que se empenha em trabalhar mais qualificadamente. Cada vez mais ele vai buscar inovação no seu trabalho e não se restringir a fazer só o básico. Esse profissional é o líder nato, é aquele que está sempre querendo progredir, sempre buscando uma novidade, sempre buscando uma melhor alternativa", afirma Sidney Kalaes, CEO da holding de franquias Grupo Kalaes.

Com base nessa afirmação, podemos dizer que a inovação vai além dos investimentos que as organizações têm feito na diferenciação dos seus produtos e serviços: ela deve fazer parte da alma do profissional. O profissional do futuro deve ser um eterno insatisfeito, que busca, a todo o momento, diferenciar as suas ações, seja para trazer novos recursos para o negócio, reduzir custos, aumentar a produtividade — enfim, sempre pensando em resultados.

Para conquistar esse comportamento, é mandatória uma preparação constante. Alessandra Assad, consultora organizacional, destaca: "A curiosidade é fundamental; não dá para ficar parado no tempo. É necessário estudar, buscar novos conhecimentos. Quando você faz aquilo que gosta e sabe o que está fazendo, automaticamente isso está sendo inserido na sua vida e naturalmente você vai estudar mais, vai buscar cursos para se aperfeiçoar, vai ser curioso, vai pesquisar. Então, a base de tudo é estar apaixonado e ter talento."

Inovar é a capacidade de investigar a fundo os cenários, julgar e diferenciar as suas ações com foco em resultados sustentáveis. Para adquirir esse comportamento, é necessário: questionar; deixar fluir a criatividade; quebrar paradigmas; exercer a flexibilidade; buscar excelência; ter ambição.

Velocidade de ação

Luciano Pires, escritor e palestrante, afirma: "Eu citaria dois pontos cruciais para os quais as empresas não se atentam: o desenvolvimento da capacidade de julgamento e de tomada de decisão das pessoas. Competências técnicas são importantes, mas isso você compra, ensina. Tem gente que gasta milhões nesse negócio, treinando as pessoas para serem os profissionais mais eficientes do mundo, mas não as preparam para julgar e tomar decisões. Posso treinar meu guarda na portaria da forma mais eficiente possível, mas se ele não tem condições de julgar e tomar decisões corretas, a eficiência operacional não valerá nada. Eu o ensinei a como dar bom-dia, como acionar o relógio etc., mas ele breca o presidente da empresa ou não atende um cliente com urgência... O que é isso? Julgamento e tomada de decisão. Se eu tiver que escolher uma equipe para trabalhar, quero gente que consegue olhar para as situações e enxergar no meio do nevoeiro alguns caminhos, conectar as causas e as consequências, 'isso aqui está acontecendo por causa disso', 'se eu fizer isso, acontecerá aquilo'. Quero gente capaz de raciocinar. Depois eu vou treiná-la nas coisas da eficiência operacional."

Um profissional que não tem a capacidade de decidir geralmente empurra o problema com a barriga ou transfere a responsabilidade para outras pessoas. A capacidade de decisão necessita de coragem e preparo para se concretizar. Ousadia é fundamental, mas ousadia sem preparo é inconsequência. As organizações do futuro tendem a inserir cada vez mais os colaboradores nas decisões; portanto, as pessoas devem adquirir o hábito de analisar os cenários constantemente, para que as decisões possam ser tomadas com a velocidade e a assertividade de que o mercado precisa.

Arthur Diniz, especialista em coaching executivo, destaca: "Os líderes do futuro precisam ter a capacidade de tomar decisão, a flexibilidade para trabalhar em diferentes contextos e para mudar com rapidez, e, principalmente, a visão sistêmica (não olhar o que acontece na empresa somente sob um ponto de vista), além da capacidade de entender as consequências daquilo que é feito em todos os aspectos. É muito raro líderes com visão sistêmica diferenciada e pensamento estratégico; por isso, são muito valorizados no mundo corporativo."

Velocidade de ação é a capacidade de preparar-se continuamente para se antecipar às constantes mudanças do mundo corporativo. Para adquirir esse comportamento, é necessário: coragem para decidir; buscar soluções; entrar em ação; proatividade; assertividade; ousadia; e preparo.

Inteligência inspiracional — a inteligência do exemplo

O mercado nunca precisou tanto de exemplos como hoje. A cada dia, uma enxurrada de notícias sobre corrupção e desvio de dinheiro público invade as nossas casas, fazendo-nos questionar o caráter de toda e qualquer pessoa que se aproxima de nós. Nas organizações, isso não é diferente: nos deparamos constantemente com traições, jogadas políticas, inversão de valores, nepotismo — enfim, situações que prejudicam as organizações e, consequentemente, a carreira dos profissionais.

Conforme apresentado no estudo anterior, sobre as cinco tendências das organizações do futuro, a proximidade com o consumidor é um ponto crucial para as empresas que quiserem prosperar nos novos tempos. A única estratégia efetiva de aproximação com o consumidor chama-se transparência: não existe segredo, e sim, verdade. E como as organizações são compostas por pessoas, uma empresa só consegue ser transparente e verdadeira se o seu time for composto por pessoas transparentes, éticas e verdadeiras — principalmente no que tange à liderança; afinal, os colaboradores são a imagem e semelhança do seu líder.

Carlos Hilsdorf, escritor e palestrante, tem uma opinião forte sobre essa questão: "O líder do futuro deve ser autêntico e mais bem preparado em termos de conhecimento do ser humano, do seu perfil psicológico e de seu perfil de produtividade. Um líder que consiga canalizar a competência de pessoas acima da média, mantendo-as focadas em seus desafios. Um líder capaz de lidar com questões multiculturais, ambíguas e paradoxais, sem perder sua competência em inspirar pessoas a desenvolver alta performance e a construir a excelência. Um líder que saiba exercer o papel de coach e mentor ininterruptamente, estabelecendo um sonho coletivo, pleno de significado e capaz de reunir as pessoas em torno do objetivo de construir um mundo melhor!"

Hilsdorf constata, nesse exemplo, que o líder capaz de inspirar pessoas deve, inevitavelmente, conhecer e gostar de gente; somente assim ele terá a capacidade de liderar pessoas geniais por meio do exemplo e da capacidade de servi-las.

Rodrigo Cardoso, especialista em atitude e comportamento, complementa: "Um líder inspirador é aquele que não dá desculpas — desculpas perpetuam a mediocridade. É o profissional que tem a filosofia do Kaizen, da melhoria contínua, aquele que busca melhorar 1% por dia. Sabe inspirar as pessoas a fazerem mais por si mesmas do que normalmente fariam sozinhas."

Independentemente da afirmação, vemos que um líder inspirador, por unanimidade, é aquele que merece ser seguido.

Comportamentos que evidenciam a inteligência inspiracional:

Humildade

O consultor executivo Robert Wong destaca: "Não adianta você liderar os outros se você não tem disciplina, amor próprio, não tem autoconhecimento, não tem humildade. Aliás, a palavra humildade tem um significado muito grande: tem a mesma origem da palavra humano. As duas palavras derivam da palavra em latim *humus*, que quer dizer terra fértil. E o húmus (terra) tem muito a nos ensinar. A mãe terra está lá para servir, ela é muito generosa, dá a todas as sementes a mesma condição de florescer; e nós, humanos, que viemos do húmus, precisamos reaprender a servir e a ser generosos e tolerantes. Infelizmente, na maioria das vezes, somos intolerantes, egocêntricos e queremos ser servidos. Portanto, o líder tem que ter essa humildade."

Robert Wong enfatiza a humildade no servir, algo fundamental para sustentar o processo de liderança. Além disso, o aprendizado deve estar cada vez mais impregnado de humildade. Quando um profissional acredita que não precisa mais aprender, esse pode ser o primeiro passo para o fracasso. À medida que o mercado se transforma, os consumidores e os profissionais mudam; o aprendizado deve estar presente no cotidiano do profissional do futuro.

Paulo Afonso, empresário, complementa: "Uma virtude fundamental é a permanente obsessão por aprender. Há uma frase que sempre uso: 'Existem dois pecados que procuro não cometer e espero que as pessoas que me cercam também não os cometam. O primeiro é o da vaidade e o outro é o da acomodação.' As pessoas que acharem que não precisam se aprimorar mais estão cometendo um pecado e não terão mais espaço."

Por fim, o líder do futuro deve ter a vontade incondicional de servir e aprender constantemente para um propósito maior, que não seja o de ser o astro.

Humildade é a capacidade de ser generoso com os outros e consigo mesmo no intuito de evoluir sempre. Para adquirir esse comportamento, é necessário: não querer ser o astro; manter-se em constante evolução; não achar que sabe demais; não fazer alarde da sua própria inteligência; dar crédito aos outros.

Superar as expectativas do grupo

Impossível falar em inspirar pessoas sem falar sobre ir além, sobre fazer mais do que o esperado. Quando um líder se preocupa em entregar mais do que esperam dele, a equipe tem nele um exemplo de atuação. Quando o líder entrega somente o necessário, colherá esse mesmo resultado de sua equipe. Como cobrar alta performance de um time quando o seu treinador não inspira esse dinamismo, essa vontade de ir além?

O empresário Pedro Bittar afirma: "O profissional do futuro precisa ter altruísmo, fazer algo a mais, ter amor ao que faz. São esses profissionais que fazem e farão a diferença! Quando eu preciso de ajuda para algum projeto, procuro os empresários mais ocupados, pois são esses que possuem essa competência."

Élio A. Martins, CEO do Grupo Eternit, enfatiza bem o que é superar as expectativas do grupo: "É preciso se esforçar muito para ter sucesso! Vou fazer um relato que ilustra bem o que estou dizendo. Um de nossos grandes desafios à frente do Grupo Eternit é o embate jurídico. Buscando mais eficiência em meu desempenho, voltei aos bancos de uma universidade e concluí, aos 52 anos, o curso de Direito. Muitas vezes desembarcava no aeroporto e ia direto para a faculdade. O meu maior objetivo era servir à companhia! Foi uma experiência rica, que me proporcionou grande satisfação e me permitiu dar grandes contribuições."

Superar as expectativas do grupo é a capacidade de se entregar verdadeiramente ao projeto, ditando e vivendo o ritmo necessário para alavancar os resultados. Para adquirir esse comportamento, é necessário: fazer mais do que é solicitado; mergulhar de cabeça nos projetos; dedicar-se ao grupo; gostar verdadeiramente do que se faz.

Servir às pessoas

Servir, servir e servir: o líder que não compreender que esse é o maior propósito da sua liderança jamais terá pessoas envolvidas e comprometidas com a organização. Quem lidera para ser servido está com os seus dias contados. O líder do futuro é um facilitador, capaz de deixar as pessoas brilharem. Este é o seu maior mérito e a sua grande vitória: quando consegue fazer as pessoas progredirem e as leva aonde não iriam sozinhas. O grande desafio do líder do futuro é criar um ambiente propício para a inovação, onde as pessoas se desenvolvam constantemente.

Rodrigo Cardoso destaca muito bem essa questão: "Costumo dizer que é uma troca: o liderado entrega mais do que se espera e a empresa oferece um ambiente propício para o desenvolvimento de seus talentos."

E Leila Navarro, escritora e palestrante, completa: "Liderar equivale a criar um ambiente de bom senso, no qual as pessoas podem revelar seus talentos. Quando isso ocorre, as pessoas manifestam orgulho e se transformam em super-heróis. Não, não é exagero. O super-herói clássico é aquele que reconhece suas debilidades e sabe de seus talentos, dispondo-se a utilizá-los na batalha."

Servir requer maturidade, pois o líder que serve nem sempre é a estrela do processo, como destaca José Luis Tejon: "O grande líder é aquele que vai saber sair, é aquele que quanto menos necessário for, mais líder ele será, porque a grande liderança está cada vez mais invisível — não na figura de uma pessoa em si, pois o papel do líder é encorajar as pessoas e não ser o astro. Você não sabe nem qual é o nome do técnico dos times que estão indo para a final da Copa do Mundo e percebe que outras equipes, com técnicos famosos, já ficaram pelo caminho."

Servir às pessoas é facilitar o caminho do seu desenvolvimento para que superem os seus limites e alcancem os melhores resultados na empresa e na carreira. Para adquirir esse comportamento, é necessário: investir no desenvolvimento das pessoas; fazer coaching; extrair o melhor de cada um; desafiar as pessoas; dar sentido ao que as pessoas fazem; permitir o erro, estimulando dessa forma o aprendizado e a inovação; vincular as pessoas emocionalmente.

Confiança

Confiança. Um valor, uma atitude, uma habilidade e um comportamento que dispensa apresentações. Um valor — afinal, muitas pessoas não abrem mão da confiança em situações importantes da vida; uma atitude, pois a capacidade de confiar e gerar confiança é algo que deve vir de dentro; é uma intenção, uma habilidade, pois confiança é adquirida também pela prática; e um comportamento, pois não adianta ser uma pessoa confiável — tem que parecer confiável.

No mundo corporativo, a confiança tem se tornado um elemento fundamental para a construção de relacionamentos saudáveis e duradouros nas organizações, tanto com clientes internos quanto externos. No futuro, à medida que a exigência por empresas mais transparentes, mais éticas aumentarem, a procura por profissionais que compartilham desses valores será uma condição irrevogável.

Leila Navarro tem se dedicado ao estudo da confiança e nos ensina: "Considero que a construção de ambientes de confiança depende do desenvolvimento de outras competências. Uma delas é a clareza. As pessoas precisam ser verdadeiras, usar as palavras adequadas para expor cada desejo ou orientação. Precisam ser objetivas, em vez de colocar seus anseios nas entrelinhas. A mensagem precisa ser compreendida facilmente pelo receptor — seja um ensinamento, seja uma cobrança, seja um elogio."

E completa: "Para gerar confiança no outro, também é necessário que se tenha consciência, coerência, consistência e coragem. Quem lidera precisa confiar. Quem lidera precisa ser referência de confiança para os liderados. Quando alguém confia, acaba por gerar um ambiente de confiança, e assim habilita-se a comandar e a inspirar os demais."

Não existe segredo: um ambiente de confiança é gerado por pessoas que confiam e são confiáveis. A confiança é muito mais do que um valor expresso no mural da empresa; é o envolvimento intenso e natural de pessoas que compreendem que ambientes saudáveis são fruto de relacionamentos saudáveis.

José Luiz Tejon explicita bem o que se espera de um líder confiável: "O líder tem que ser uma pessoa que promete e entrega. Líderes são pessoas que têm a coragem de fazer as promessas e a rigidez de caráter para cumpri-las."

Confiança é a capacidade de confiar e ser confiável, permitindo a criação de ambientes saudáveis que permeiem o desenvolvimento de relacionamentos efetivos e duradouros. Para adquirir esse comportamento, é necessário: lutar pela sua credibilidade (prometer e cumprir a promessa); ter responsabilidade; ter disciplina; preservar a sua imagem; ser honesto e ético.

Congruência

Confiança é congruência. Como confiar em alguém incongruente, que tem comportamentos completamente diferentes de suas intenções? Congruência é pré-requisito para a confiança, mas merece um tópico exclusivo pela sua importância no mundo corporativo.

Congruência é uma palavra interessante para sintetizar o sentido da frase "casa de ferreiro, espeto de pau". A congruência depende do alinhamento dos nossos valores. Quando algum valor é ferido, ou não é atendido por alguma situação, nesse momento estamos nos apresentando de maneira incongruente. Por exemplo: preciso demonstrar para a minha equipe que conseguiremos atingir as nossas metas e que podemos vender mais. Porém, internamente, algo me diz que isso não será possível. Nesse momento, terei um comportamento incongruente, que não está alinhado com os meus valores, pois tenho a crença de que a concorrência possui preços melhores e mais condições para ganhar o mercado. Portanto, um valor fundamental para a minha motivação é acreditar, mas, nesse momento, esse valor não está sendo atendido. Provavelmente, por ser um bom profissional, você fará o possível para motivar a sua equipe, mas não poderá servir de exemplo, pois não acredita. O primeiro passo para ser um profissional congruente é acreditar. Acreditar no que você faz, acreditar nas suas competências e acreditar na sua empresa.

O mercado precisa de bons exemplos: de honestidade, disciplina, superação, conquistas — enfim, exemplos de pessoas que valem a pena ser seguidas e que inspirem comportamentos de resultados.

Arthur Diniz explica: "O líder do futuro, em primeiro lugar, precisa ter uma missão de vida bem definida, ter um propósito claro — e a liderança tem que fazer parte desse propósito". Nessa afirmação, Arthur apresenta um conceito muito forte de liderança. As pessoas não seguem um líder, e sim a causa que ele defende, aquilo pelo qual ele luta e inspira as pessoas a lutar com ele. O líder congruente tem a capacidade de externar essa missão e, todos os dias, os seus comportamentos evidenciam o seu avanço em direção a essa conquista.

Suzy Fleury, fundadora da Academia Emocional, contribui: "No futuro, o líder deverá ser cada vez mais inspirador, aquele que cobra resultados. Para isso, não pode ser incongruente, ter um discurso e atuar de outra maneira. Deve ser atuante, liderar pelo exemplo, saber cobrar e ser cobrado." Perceba o cenário que Suzy Fleury nos apresenta. Só é possível cobrar resultados, se você entrega resultado. Só é possível cobrar, se você sabe ser cobrado. Só faz sentido fornecer um feedback, se você se permitir receber feedback. É fundamental liderar pelo exemplo — isso é congruência!

Por fim, Gustavo Cerbasi destaca um elemento fundamental para ser um profissional congruente: "A formação acadêmica não deixará de ter valor. Porém, o profissional precisa saber equilibrar cabeça e coração, precisa seguir seu coração, fazer o que gosta, porque quem gosta cresce mais e ganha mais dinheiro." É impossível ser congruente se você não for apaixonado pelo que faz. Afinal, como ser exemplo de alguma coisa na qual você não se envolve de coração? Congruência é a capacidade de aliar intenção e ação, resultando em comportamentos que refletem os seus verdadeiros valores. Para adquirir esse comportamento, é necessário: servir de exemplo; realmente viver os seus valores; ter paixão pelo que faz; ter uma missão de vida bem definida; equilibrar cabeça e coração; ser autêntico; viver a sustentabilidade.

Inteligência de mercado — a inteligência estratégica

Como imaginar obter sucesso no mundo dos negócios sem conhecer o mercado em que atua? Como prosperar em qualquer área de atuação profissional sem investigar o que está à sua volta? Como imaginar ser um líder de resultados que não tenha a capacidade de construir estratégias vencedoras? Impossível imaginar! Tão impossível que essa inteligência se fez presente neste estudo.

Raul Candeloro destaca um ponto fundamental dessa inteligência: "As empresas precisam investir também em pensamento estratégico. O brasileiro não consegue planejar um, dois anos à frente, não é da nossa cultura fazer isso. E esse reflexo vemos o tempo todo, em todo lugar. Isso se reflete nas obras: a prefeitura faz uma rua; um, dois anos depois, ela já está congestionada ou o asfalto está esburacado. Um restaurante foi projetado para determinado número de lugares; depois de algum tempo, há fila em frente e ninguém consegue entrar porque ele foi mal projetado, e não consegue crescer porque não existe espaço para o lado, tudo é apertado, tudo é pequeno. Essa mentalidade do curto prazo precisa mudar." E enfatiza: "De modo geral, as empresas necessitam de investimentos na melhoria da produtividade, na capacidade de usar o cérebro. Essa história de que brasileiro não gosta de trabalhar é mentira. O brasileiro trabalha muito, mas às vezes não pensa o suficiente, é preguiçoso para pensar."

A capacidade de entregar resultados, presente na inteligência empreendedora, depende inevitavelmente da inteligência de mercado. Resultado sem estratégia pode custar mais caro ou se tornar perecível. Resultados sustentáveis, que garantem a perenidade do negócio, são conquistados através de uma estratégia bem elaborada, pensada por profissionais que vivem o mercado, que pensam de maneira global, que pensam fora da caixa.

Comportamentos que evidenciam a inteligência de mercado:

Visão do negócio

Ter uma ampla visão do negócio não é apenas importante, é determinante para qualquer profissional, em qualquer área de atuação. Geralmente, percebemos nas organizações um fato interessante: os profissionais da área comercial, de marketing, aqueles que precisam obrigatoriamente relacionar-se com o mercado, em sua maioria, procuram estar atentos ao negócio, aos clientes, aos acontecimentos que impactam o seu ramo de atuação. Afinal, as suas estratégias dependem de tais informações. No entanto, as áreas internas da companhia, como o departamento administrativo e financeiro, controladoria, produção etc., salvo raras exceções, sequer sabem o que está acontecendo com o mercado, ocasionando as velhas desavenças entre área comercial e áreas internas da empresa.

O profissional do futuro, independentemente da sua função ou nível hierárquico, deverá conectar-se às questões relativas ao seu negócio: conhecer o público-alvo da sua empresa e o comportamento desse consumidor; compreender as especificidades do seu produto ou do seu serviço; as particularidades do mercado e o *market share* da empresa; os principais concorrentes — enfim, deve conhecer a fundo o negócio. Para adquirir esse comportamento, é necessário: conhecimento do mercado; pensamento alinhado com as inovações do mercado; conhecimento do seu produto/serviço; pensamento alinhado com as questões da sociedade; visão sistêmica; comunicação direta com o consumidor.

Conhecimento de mundo

"Pensar global e agir local." Essa é a dica do escritor e palestrante Luciano Pires. "Como é que você mantém a identidade local num negócio que é global? Ninguém pensa assim, o brasileiro não tem a menor ideia do que está se passando lá fora."

Essa afirmação nos remete à importância de estarmos ligados ao mundo, conhecer o mercado, ter uma ampla visão do negócio e, principalmente, ter a capacidade de traduzir conceitos amplos de mercado em ações aplicáveis para o mundo.

Há muito tempo que a globalização deixou de ser utopia e tornou-se um fato presente em nosso cotidiano pessoal e profissional. Como aceitar um profissional que não está por dentro das questões mundiais em relação ao seu negócio? O mercado não aceita mais esse comportamento; afinal, as barreiras foram excluídas através do acesso à informação. Basta você digitar o que quiser no Google que, em milésimos de segundo, uma avalanche de informações será oferecida. A sua única preocupação é separar o joio do trigo. Portanto, pensar de forma global é uma questão de atitude; exatamente por isso as organizações do futuro não permitirão profissionais que não evoluírem nessa capacidade.

"É preciso estar preparado para jogar em qualquer time, em qualquer terreno: como conseguir isso? Buscando fontes de informação que não são as que usamos hoje. Não posso crescer na minha carreira apenas lendo a revista *Exame*. Tenho que buscar na internet coisas novas, ideias diferentes, as tendências que estão acontecendo lá fora. As revistas locais estão velhas, atrasadas em relação ao que está acontecendo no mundo. Preciso pensar lá na frente e, para isso, preciso de novas informações", conclui Luciano Pires.

Nelson Blecher, diretor de redação da revista *Época Negócios*, completa: "A principal capacidade do profissional do futuro será acompanhar o planeta, atentar-se ao que está acontecendo lá fora. As informações estão em todo lugar e o profissional deve ter a capacidade de buscar essas informações a todo momento."

Para adquirir esse comportamento, é necessário: buscar novas fontes de informação; conectar-se com o mundo.

Formação multicultural

"Aprender, aprender e aprender!" Segundo José Luiz Tejon, essa consciência é o que diferencia o profissional moderno. "É o ser humano que entende que a vida é um exercício permanente de educação. O profissional que tem na cabeça a vontade de aprender vai encontrar constantemente na realidade da sua profissão competências novas em que ele precisa se aprimorar."

Leila Navarro completa: "Todo líder precisa ter consciência do que sabe e do que não sabe. Essa consciência crítica não diminui sua capacidade de inspirar as pessoas e de dar a elas condições para que revelem suas melhores facetas."

É impressionante como esse comportamento se faz presente em tudo o que falamos até o momento. Aliás, qual é a sua finalidade ao ler este livro? Aprender, simplesmente aprender. É esse desejo de evoluir constantemente que nos faz seguir em frente e permitirá ao profissional do futuro acompanhar o mercado na velocidade em que se apresentar.

Aprender é fundamental, mas Robert Wong alerta: "Eu creio firmemente que nós sempre podemos melhorar. Portanto, tudo o que você puder aprender é válido, mas de uma forma seletiva — não precisa aprender tudo". Wong fala do turbilhão de informações que nos é apresentado todos os dias, o que muitas vezes nos traz uma sensação de angústia. É impossível absorver tamanha motivação do mercado pela evolução. Mas uma coisa é fato, segundo Wong: "Aprender liberta".

Carlos Hilsdorf orienta sobre essa questão: "O mercado exigirá que os profissionais tenham desenvolvida a competência de aprender melhor e mais rapidamente sem perder-se nas ondas da hiperinformação. É preciso que desenvolvam um network de conhecimento altamente relevante."

Ao ler sobre este comportamento, talvez você comece a se preocupar com o conhecimento que precisa adquirir e como fazer isso. Mas não é essa a intenção! É fato que precisamos nos preparar ao máximo, mas gradativamente, da mesma maneira na qual nos desenvolvemos também na prática.

Nelson Blecker esclarece essa questão: "A capacidade de aprender (aprender a aprender) torna-se fundamental. O profissional do futuro precisa aprender com a experiência, não apenas com o MBA. Ele deve ter o seu próprio aprendizado, adquirir a maturidade de aprender com a vida."

O aprendizado não está exclusivamente nos livros ou nas cadeiras de um MBA; está na vida, no trabalho e na vivência, como bem explica Blecker. Atreva-se a viver experiências, a colocar o conhecimento em ação, a tirar lições verdadeiras ao longo da sua trajetória.

José Luiz Tejon aborda um ponto fundamental: "Não vamos imaginar que você poderá ter um ser humano especialista em duzentas coisas. Não, ele terá que ser, cada vez mais, um bom especialista em um ângulo da gestão e conhecer profundamente esse ângulo que ele domina. Porém, ele precisa ser um profissional com uma competência generalista para compreender o que o antecede, o que vem em cima e abaixo dele, depois da área dele, do departamento dele, para que ele possa ser um profissional de sucesso."

E Carlos Hilsdorf completa: "O profissional do futuro não precisará ser generalista nem especialista, mas um profissional capaz de perceber o nexo causal entre as diferentes faces da realidade em que estão depositados os seus desafios e, com base nesse olhar multidisciplinar, planejar a atuação em equipe para obter resultados máximos."

No que os especialistas estão de acordo é que o profissional precisa dominar uma área de conhecimento, sem se alienar das demais. Novamente, é estar conectado, atento e, principalmente, preparar-se para as diversas áreas do conhecimento e jamais separar as exatas das humanas. E, tão importante quanto o conhecimento técnico e comportamental, é o investimento em cultura.

Dois especialistas abordam essa questão:

O consultor Claudio de Moura Castro: "Falando de pessoas com um nível mais elevado de educação e escolaridade, é preciso destacar outra lacuna, que é a cultura, a capacidade de entender a floresta e não apenas as árvores. A capacidade de saber qual é a pergunta crucial, em vez de saber responder à pergunta. Essas são habilidades de ordem superior que vão aparecer, mais cedo ou mais tarde, na vida da empresa. Não é só vender e pagar a duplicata."

E Luciano Pires conclui: "Outra competência é a cultura, mas, veja bem: não me refiro à educação, mas à cultura. Cultura significa saber o que está acontecendo pelo mundo, saber o que está se passando pelo país, conhecer suas raízes, as coisas que movem suas escolhas. Cultura é a cola que segura um povo. Hoje em dia deixamos isso para trás, não cuidamos mais da cultura."

Formação multicultural é a capacidade de aliar os mais diversos campos do conhecimento que permitam uma atuação profissional brilhante. Para adquirir esse comportamento, é necessário: buscar uma formação acadêmica de qualidade; aprender a conviver com outras culturas; tornar-se multiespecialista; explorar a tecnologia; investir nas competências técnicas; aliar teoria e prática.

Inteligência relacional

Há muitos anos, a capacidade de relacionamento é intensamente apresentada como uma competência fundamental para prosperar no mundo corporativo, independentemente da sua área de atuação ou do nível hierárquico. E, certamente, continuará sendo citada nos próximos cem anos. Como imaginar um profissional de sucesso que não se relacione com maestria?

Inteligência relacional é a capacidade de construir bons relacionamentos. Óbvio. No entanto, o conceito ligado a essa inteligência deve ser amplamente observado. Construir bons relacionamentos, muito mais do que possuir habilidades que permitam a você se relacionar bem, é ser uma pessoa relacionável, que congregue competências, que se torne merecedora e capaz de aglutinar pessoas em torno de si. Se partirmos desse princípio, vemos que um ponto fundamental para adquirir essa inteligência é compreender quais são os conhecimentos, as atitudes e habilidades que tornam uma pessoa apta a construir relacionamentos.

Se nos lembrarmos dos tópicos anteriores, quando falávamos das novas relações de trabalho e da nova geração de profissionais que vêm assumindo um papel importante nas organizações, vemos que essa inteligência se torna primordial por um simples motivo. Essa nova geração vai buscar lugares agradáveis e saudáveis em que ela possa ficar e construir suas carreiras. Portanto, o líder do futuro tem um papel fundamental na construção de ambientes saudáveis, nos quais as pessoas se sintam bem e queiram produzir cada vez mais. Ambientes saudáveis são propícios à construção de relacionamentos saudáveis. E quando você tem um ambiente no qual as pessoas queiram estar, provavelmente é lá que elas se sentirão motivadas a permanecer e a prosperar.

Da mesma forma, os profissionais precisam ser pessoas relacionáveis. Um ambiente saudável é composto por pessoas saudáveis; não existe mágica. É impossível para qualquer pessoa se sentir bem em um ambiente se ela não contribuir de uma maneira efetiva. Portanto, os líderes terão um papel fundamental nessa construção e os profissionais devem se aliar a esse propósito para que esse ambiente seja verdadeiramente instalado.

Alessandra Assad destaca bem essa questão: "Não adianta você ser excelente naquilo que faz, ser o melhor do mundo, se você não souber trabalhar em equipe, se você não tiver inteligência emocional. Sem as competências comportamentais, você está fora do mercado, ninguém vai querer trabalhar com você, ninguém vai suportar trabalhar com você."

Em síntese, inteligência relacional é a capacidade de promover, em seu ambiente, uma atitude saudável, uma atitude de comunhão, onde as pessoas cooperam internamente para concorrer com uma força incrível externamente.

O empresário Paulo Afonso alerta: "O profissional tem que ser excelente na sua área, mas também precisa ter uma aptidão na relação humana, entender que ele trabalha com as pessoas. Quem conseguir se aprimorar tecnicamente e, ao mesmo tempo, o relacionamento humano estará mais preparado e terá resultados melhores do que aquele que acha que tem que ficar só no mundo técnico, ou somente na relação humana — esquecendo que tem que operar as duas coisas. Esse é um aspecto muito importante que o mercado está demandando."

Essa afirmação elucida a importância de se aliar as competências técnicas às competências humanas. Afinal, para que existem as competências técnicas? Para atender um ser humano; portanto, é impossível dissociar as duas.

A inteligência relacional se manifesta no saber lidar com os diferentes perfis de pessoas em cenários diferenciados. Seja compreendendo melhor o seu cliente, o seu colega de trabalho, o seu líder — enfim, tendo aptidões que possibilitem construir relacionamentos saudáveis. Ela também diz respeito a aprender a se relacionar em equipe, aglutinar ideias em prol de um objetivo maior, como bem definido pela especialista em comunicação empresarial Lena Miessva: "A própria necessidade da comunicação interpessoal vai fazer com que o profissional tenha que saber trabalhar em equipe, com pessoas diferentes, com personalidades diferentes, e respeitar as opiniões em prol desses objetivos."

Nelson Blecher explicita outra necessidade fundamental dessa inteligência: "À medida que a hierarquia formal vai sendo quebrada, a competência do network é exigida. A grande dificuldade dos profissionais é ter essa sensibilidade política na empresa, e isso tem muito a ver com o consciente social."

E Leandro Daher, diretor de empreendimentos, complementa: "O relacionamento envolve a sua capacidade de persuasão e flexibilidade nas decisões, ou seja, uma postura convencedora e, ao mesmo tempo, tranquila e simpática com todas as pessoas envolvidas no processo."

Nesse contexto, podemos perceber a abrangência dessa inteligência, que se faz presente em tudo que falamos até o momento.

Por fim, Homero Reis, especialista em coaching ontológico, não deixa dúvidas ao declarar: "As duas únicas competências que fazem a diferença hoje é a capacidade conversacional e a capacidade relacional. O que se está buscando nos executivos? A capacidade de conversação e de relacionamento; o resto você agrega. Repare: o que você faz 24 horas por dia? Você conversa! É da qualidade da sua conversa que as coisas acontecem. Então, eu diria claramente que a capacidade de conversação é a ferramenta na qual eu aposto como uma das competências exigidas pelas organizações do futuro."

Comportamentos que evidenciam a inteligência relacional:

Maturidade emocional

Arline Davis, especialista em coaching e programação neurolinguística (PNL), quando perguntada sobre inteligência emocional, respondeu: "Existe um conjunto que está presente no ser humano. Você tem que pensar, você tem que sentir, você tem que agir. Dentro da empresa, você consegue resultados por meio da ação, e ela decorre do pensamento. Então, quando alguém tem um propósito e sabe o que fazer, sempre age para chegar a tal fim. Mas, no meio desse pensar e agir, para chegar a uma meta definida, as emoções são as reações que a pessoa tem às circunstâncias ao seu redor, e muitas vezes ela reage positivamente. Isso significa que algo no mundo corresponde aos seus quereres, combina com seus valores e com seus critérios. Aí vem algo como satisfação, felicidade, gratidão. Quando acontece no mundo uma coisa que a pessoa não quer, que descombina com seu mundo interno, ela reage com emoções que chamamos de negativas."

Compreendemos então, com essa brilhante explanação da especialista, que as nossas emoções são disparadas pelo nosso pensamento. Quando os acontecimentos conflitam com os nossos valores e crenças, externamos comportamentos negativos. Quando agimos de acordo com os nossos valores e crenças, ou seja, de maneira congruente, apresentamos comportamentos positivos. Portanto, inteligência emocional é a capacidade de compreender os disparadores dos nossos comportamentos e coordená-los de tal forma que não interfiram negativamente em nossos resultados. Chegamos então ao elemento fundamental do que chamamos de maturidade emocional: o autoconhecimento.

Destaco aqui dois dos cinco degraus que Suzy Fleury apresenta no que ela chama de alfabetização emocional: "O primeiro degrau é a autoconsciência. É você conhecer as suas emoções, saber reconhecer as emoções dos outros para chegar a um novo nível, que é o nível de autorregulação: aprender a regular esses estados emocionais. Podemos perder uma Copa do Mundo por falta de controle emocional? Podemos e perdemos. Essa é a conta que se paga por um momento de descontrole emocional, que não está presente somente nos campos de futebol, como também nas reuniões de gerência, nos momentos de negociação."

Leila Navarro acrescenta: "Hoje, o mercado exige pessoas com três virtudes que não serão obtidas na escola: autoconhecimento, autoconfiança e autoestima. O autoconhecimento permite ao indivíduo saber o que é, quais são seus limites e o que deseja para sua vida. Quem não sabe o que quer não tem como ser feliz no que faz. A autoconfiança permite ao indivíduo acreditar que pode conseguir o que deseja. Se a pessoa não acredita em si mesma, estabelece-se uma falha na comunicação com seus interlocutores, pois ela perde a credibilidade. Quem não confia em si próprio reduz-se à categoria dos fantoches. Seu futuro dependerá sempre da ação de um ser pensante externo. A autoestima faz com que o indivíduo se julgue merecedor das coisas que deseja. Ele merece porque gosta de si próprio, respeita-se, ama-se. As pessoas somente amam aquelas que nutrem esse sentimento por si próprias, antes de tudo."

Chegamos então a um momento crucial das competências do profissional do futuro, que pode impulsionar ou aniquilar suas possibilidades de ascensão profissional. Quando você não tem maturidade para lidar com as suas emoções, o primeiro impacto desse desequilíbrio é desencadeado nas relações pessoais e profissionais. E os resultados disso você pode imaginar.

Maturidade emocional é a capacidade de reconhecer as nossas emoções e lidar com elas, buscando o equilíbrio que permita adotar comportamentos saudáveis. Para adquirir esse comportamento, é necessário: ter a capacidade de cobrar e ser cobrado; resiliência; automotivação; autoconhecimento; paciência e tolerância; autoconfiança; autoestima; saber lidar com conflitos; equilíbrio; aprender a lidar com o medo e a agressividade.

Agregar as melhores cabeças

Esse comportamento me remete a um grande aprendizado da minha infância. Repetidamente, Dona Clara, minha mãe, me dizia: "Filho, se envolva com pessoas melhores que você!" Essa frase norteou minhas amizades e meus relacionamentos pessoais e, consequentemente, profissionais. Confesso que esse ensinamento foi fundamental para a construção da minha carreira, pois permitiu que eu me aliasse a pessoas que me ensinaram muito e me fizeram crescer e amadurecer.

Este é o grande segredo: o profissional que tiver a capacidade de se aliar a pessoas geniais terá a possibilidade de modelar comportamentos de sucesso e adquirir conhecimentos que poderá aplicar em momentos importantes da sua vida e carreira. Veja a importância disso. À medida que você agrega pessoas brilhantes ao seu convívio, naturalmente se esforçará para manter-se no mesmo nível que elas ou superá-las. É um processo natural do ser humano. Se somente conviver com pessoas que mantenham você na zona de conforto, onde estará o motivo para ir além? Digo isso em todos os níveis de uma organização. Um líder deve ter a meta de liderar pessoas melhores do que ele; somente dessa forma o processo de evolução estará presente de maneira intensa e natural.

Carlos Hilsdorf explica claramente essa questão: "É preciso desenvolver a competência de liderar pessoas acima da média. Essa competência trata do maior desafio a que empresas e líderes estão submetidos: criar o novo em um ambiente complexo que exige decisões igualmente complexas. Essas decisões demandam líderes com grande expertise em comunicação, pois envolvem essencialmente pessoas, uma vez que o capital intelectual é a base da sustentabilidade do novo mundo dos negócios."

O profissional do futuro será avaliado pelos resultados que tiver a capacidade de entregar, conforme vimos nos estudos anteriores. Portanto, o líder que merecer ter ao seu lado pessoas brilhantes chegará aos resultados de uma maneira sustentável, sem prejudicar a sua qualidade de vida, pois delegará com mais tranquilidade e segurança.

É preciso compreender que não é fácil sustentar-se em um ambiente de pessoas brilhantes por dois motivos: o primeiro tem a ver com as suas competências técnicas, pois pessoas brilhantes ficarão somente ao lado de pessoas brilhantes e só aceitarão ser lideradas por pessoas brilhantes; o segundo motivo tem a ver com as suas competências humanas, mais precisamente com a sua maturidade emocional, pois lidar com pessoas geniais requer abdicar, por diversas vezes, do seu ego, da sua vaidade, do seu próprio reconhecimento em prol do reconhecimento do outro.

Robert Wong evidencia essa questão: "O líder precisa ter ego e carisma, mas entenda: o bom ego não é o ego voltado para si, mas é o ego de você acordar de manhã, pular da cama e fazer o seu melhor. E tem que ter carisma. Conheço pessoas com muita capacidade, mas que não possuem carisma, falta um magnetismo que as envolva em um propósito comum."

O profissional do futuro deve ter em mente que ele precisa entregar resultados e, para isso, tem que fazer o seu melhor. E esse melhor muitas vezes é possibilitar ao outro o reconhecimento total pelo seu esforço e genialidade. O líder do futuro será reconhecido por possibilitar às pessoas as condições necessárias para projetarem todo o potencial delas.

Por fim, o empresário Pedro Bittar completa: "O líder do futuro precisa ter pessoas melhores do que ele e saber liderá-las, se quiser obter grandes resultados."

Agregar as melhores cabeças é a capacidade de merecer conviver com pessoas brilhantes, buscando um processo de evolução constante e natural. Para adquirir esse comportamento, é necessário: saber liderar pessoas melhores do que você; sensibilidade política; orgulhar-se dos resultados do outro; dispor de tempo para interagir com as pessoas; reconhecer no outro uma grande possibilidade de aprendizado; não permitir que o ego e a vaidade impeçam o reconhecimento do outro.

Entender e gostar de gente

É importante atentar-se ao título deste tópico — entender "e" gostar de gente. É impossível separar os dois verbos. Como eu posso entender verdadeiramente algo de que não gosto? No entanto, quando eu gosto, a curiosidade é um comportamento incontrolável.

Outra pergunta que se faz necessária: como imaginar ser próspero nos relacionamentos sem gostar e entender do único elemento que realmente importa nesse processo — o ser humano? Impossível!

Talvez você não tenha facilidade para lidar com as pessoas, por não gostar do comportamento humano ou não compreendê-lo e, possivelmente, nem queira aprofundar-se nessa questão. Mas eu garanto: independentemente da sua profissão, tudo se resume ao ser humano, e você precisará conhecê-lo, de fato, para prosperar em qualquer cenário do mundo corporativo.

Sulivan França, presidente da Sociedade Latino-Americana de Coaching, destaca: "Um líder precisa ter informação comportamental. Ele precisa entender de gente, e não precisa ser um psicólogo. Existe uma série de ferramentas que ele pode utilizar para ter essa base de entendimento comportamental. Coaching e PNL são exemplos. São cursos mais rápidos que vão dar uma série de ferramentas para ele entender mais de gente. Já se foi o tempo em que você procurava um líder só com competências técnicas; ele precisa ter competências comportamentais e, o mais importante, entender de gente."

Revendo tudo o que falamos até o momento sobre a inteligência relacional, o ponto central da discussão é o ser humano. Você não se relaciona com máquinas. Máquinas são comandadas e ponto final. Você não se relaciona com a estrutura da sua empresa. Você usufrui dela e fim. No relacionamento, você não pode simplesmente comandar pessoas e muito menos usufruir delas e seguir em frente. Houve um dia em que isso até era possível, mas nos dias de hoje não é mais, e no futuro será menos ainda. É preciso liderar, cativar as pessoas para que elas se motivem a produzir resultados e, para isso, compreender os elementos que as fazem seguir em frente e também os que as impedem de manter o foco. Isso é conhecer gente!

O grande desafio do mundo corporativo do futuro será manter as pessoas concentradas e comprometidas com os propósitos organizacionais. Só seremos vencedores nesse desafio se compreendermos como encorajar as pessoas a colocarem todo o seu potencial em jogo — não existe outra forma de fazer isso, a não ser conhecendo os anseios e segredos do comportamento humano.

Entender e gostar de gente é a capacidade de conhecer os segredos do comportamento humano para obter melhores resultados na liderança, no trabalho em equipe ou no relacionamento com os seus clientes. Para adquirir esse comportamento, é necessário: interessar-se pelos segredos do comportamento humano; envolver-se com pessoas em diferentes cenários corporativos; valorizar as relações humanas em todos os ambientes de negócios; adquirir destreza para lidar com as pessoas nas mais variadas situações e contextos.

Comunicação assertiva

Embora seja o último comportamento citado, isso não minimiza a sua importância no conjunto de competências. A comunicação se faz presente a todo momento, principalmente na manifestação dos nossos comportamentos.

Luciano Pires é categórico quando perguntado sobre as competências do profissional do futuro: "É ser competente na comunicação interpessoal, em equipe. Se não tiver uma boa comunicação, você pode até ser um gênio, mas ficará recluso. As pessoas pensam que, se sabem falar, sabem se comunicar, mas é mais do que isso. Capacidade de escrever um texto, entender o que está lendo, saber ouvir, refletir, tudo isso tem a ver com a comunicação."

Apresentada por esse ângulo, a comunicação toma um corpo importante, pois se mostra um fator que vai além da construção de relacionamentos, abrangendo inclusive a capacidade de apresentação do profissional. Não adianta ser brilhante, é preciso traduzir esse brilhantismo em ações que tenham valor para as pessoas.

Lena Miessva acrescenta: "Eu bato muito na tecla da comunicação porque, se um líder não se comunicar bem — e isso significa não só falar bem, mas saber perfeitamente o que a equipe está dizendo e passar para cima —, ele não se desenvolve e sua corporação perde. Então, a comunicação é uma competência ligada às áreas de relacionamento, cada vez mais demandada."

Perceba que a comunicação é necessária na construção de uma imagem profissional forte e respeitada, no desenvolvimento de relacionamentos saudáveis e produtivos e também na conquista dos objetivos da empresa. Um profissional que tem a capacidade de comunicação como um ponto forte consegue usar o poder da linguagem para potencializar o seu time em busca dos resultados organizacionais, seja na disseminação da cultura da empresa, no alinhamento das expectativas em todos os níveis e, principalmente, na capacidade de dar feedback que promova a mudança comportamental de seus colaboradores e pares de trabalho.

Arthur Diniz alerta sobre essa questão: "O líder tem que aprender a motivar, desafiar, treinar e desenvolver as pessoas de uma forma distinta, e a competência mais importante nesse caso é a capacidade de dar feedback. Quase todas as empresas em que eu entro para trabalhar não possuem a presença do feedback. Existe primeiro a questão cultural: é preciso quebrar essa barreira, pois aprender a forma de aplicar o feedback é muito fácil. O difícil é convencer o líder de que isso é sua obrigação. No Brasil, o feedback é visto como algo muito negativo."

Como enfatizado pelo especialista, aprender a dar um bom feedback é uma questão de técnica, assim como aprender a se comunicar para diversas necessidades do seu cotidiano. No entanto, aprender a técnica é o primeiro passo; o segundo passo (e fundamental nesse processo de desenvolvimento da comunicação) é a prática. É impossível aprender a se comunicar recluso, em quarto fechado. Você cresce à medida que se desafia!

Comunicação assertiva é a capacidade de utilizar o processo de comunicação (ler, escrever, ouvir e falar) para resolver situações do cotidiano de maneira construtiva e madura. Para adquirir esse comportamento, é necessário: disposição e habilidade para dar e receber feedback; capacidade de persuasão; saber ouvir; colocar-se no lugar do outro; carisma; investir em network; bom humor; participar de grupos e associações.

Concluo aqui a explanação do conjunto de inteligências que evidenciam os desafios de evolução do profissional do presente e do futuro — que, no fim das contas, tem o objetivo de ser livre e conquistar a tão desejada realização, seja ela qual for.

Permita-me dar alguns conselhos

Para concluir este livro com a certeza de que falei o que precisava ser dito, quero trazer algo bem pessoal: um conjunto de ensinamentos que faço questão de reforçar para o meu time a cada formação que fazemos.

Existe um ponto que torna o meu trabalho extremamente gratificante: conhecer o ser humano e suas potencialidades. É impossível responder com exatidão o que eu faço, mas, se eu pudesse dizer algo para consolidar a minha atuação como educador executivo, eu diria: FAÇO AS PESSOAS E AS EMPRESAS CONSTRUÍREM O SEU PRÓPRIO MÉTODO DE AÇÃO!

Construir o seu método de ação significa fugir das fórmulas e dos estereótipos estabelecidos pelo mercado e encontrar a sua maneira de entregar resultado e trilhar a sua trajetória.

Vou exemplificar: se eu perguntar agora "O que você precisa fazer para alcançar os seus objetivos?", certamente a resposta virá! E a resposta será uma fórmula pronta. Se você deseja emagrecer dez quilos, saberá exatamente o que precisa fazer. Agora, se a pergunta for "Por que você ainda não fez o que precisa ser feito?", você também encontrará muitas desculpas (ou explicações, se assim preferir). Eu faço com que as pessoas compreendam que existe uma diferença básica entre aqueles que conquistam e aqueles que falham em conquistar seus objetivos: estes últimos não possuem método para fazer o que precisa ser feito.

E, essa relação entre fazer e não fazer está completamente ligada às crenças que regem a vida de cada um. Então, preciso instalar novas crenças para que novos comportamentos sejam efetivamente instalados. Afinal, as nossas ações são provenientes do nosso pensamento.

E, por acreditar nisso, ajudo as pessoas e suas empresas a seguirem sete premissas que regem a minha vida e o meu processo de desenvolvimento humano e organizacional. Vamos a elas:

1. Jamais se afaste do que trouxe você até aqui.

A energia empenhada para conquistar os melhores resultados da nossa vida é a mesma que deverá se manter presente para nos fortalecer em nossa caminhada. A pessoa se prepara, se dedica, enfrenta as adversidades, supera os desafios e chega lá! Ao chegar, ela se acomoda e não despende a mesma energia para continuar evoluindo. Os resultados não aparecem, o rendimento cai, a motivação diminui e o valor daquele profissional é questionado. Então, descobrimos que chegar lá (seja onde for) é só o primeiro passo; manter-se e continuar crescendo é consequência da energia que você decidir empenhar nessa caminhada. Esse é o depoimento de quem já acompanhou muitas evoluções e "involuções" também.

2. Engajamento é ciência. Você pode (e deve) aprender a se engajar.

Existe um caminho lógico, claro e aplicável para você conquistar o engajamento e a disciplina. Porém, tenho duas notícias quanto a isso, uma boa e uma ruim. A ruim: não existe atalho, fórmula mágica, nem milagre. Depende única e exclusivamente de você, ou seja, não dá para se vitimizar, culpar a sorte e as pessoas que o cercam. A notícia boa: depende única e exclusivamente de você (hehehe). Não precisa contar com a sorte, nem com a compaixão das pessoas. Está tudo ao seu alcance. Como o caminho não cabe aqui, vou dar apenas uma pista em uma única frase: participe com intensidade!

Mesmo que doa no início, não refreie a sua participação. Faça com energia, se entregue, não fuja. Se decidiu fazer algo, coloque o máximo de intensidade nisso. O engajamento é uma conquista, a participação é a largada e a intensidade, o combustível.

3. Ser o melhor não precisa ser a sua referência.

A regra é muito simples: só existe um melhor. Logo, todos os outros são fracassados. É isso mesmo? Então o segundo lugar do pódio é um símbolo de fracasso? O medalhista de bronze deveria esconder o rosto de vergonha por ser homenageado pelo seu péssimo desempenho? Você não precisa ser o melhor, precisa é ser muito bom naquilo que faz. Isso o levará a conviver com pessoas competentes e inspiradoras, que o impulsionarão a ir além e ser melhor a cada dia. Isso é tangível e alcançável.

Pare para pensar: NINGUÉM é o melhor. A pessoa, a empresa, a organização, o time pode ESTAR desempenhando o seu melhor, mas esse estado não é eterno. Saber viver os altos e baixos da vida é que nos torna bem-sucedidos em qualquer área. Seja muito bom, melhore a cada dia, trilhe o seu caminho e, se for possível, alcance o posto de "o melhor", mas não viva para isso. É frustrante, angustiante e nada tem a ver com felicidade e realização. Você não precisa ser o melhor, só precisa se engajar para ser feliz no caminho!

4. Não critique quem chegou lá.

Ao longo da minha vida, aprendi a admirar quem chegou lá. Isso se deu pelo fato de conviver de perto com grandes profissionais que deram muito duro para chegar ao topo. Ao conhecer suas histórias, ficou claro para mim que nada tem a ver com sorte.

Você sabia que Júnior Cigano, atleta do UFC, foi garçom para sobreviver em Salvador? Sabia que Luan Santana tocou em bares miseráveis no interior do Paraná para honrar o salário da banda? E que Denilson, pentacampeão do mundo, não tinha dinheiro para comprar um terno quando se apresentou à seleção brasileira pela primeira vez? Aposto que não sabia!

Por esses e outros motivos que admiro e respeito quem chegou lá, independentemente de gostar ou não da sua atuação. Indigne-se com aqueles que se corrompem e se apropriam do dinheiro alheio. Esses, sim, merecem o nosso repúdio. Acho engraçado as pessoas indignadas com o fato de Neymar ganhar milhões de dólares todos os anos. É simples: ganha milhões porque gera milhões. Não é caridade, é mérito!

Eu tenho uma tese sobre isso: muitas pessoas são tão descrentes do seu potencial de realização que não suportam o sucesso alheio! Critique o trabalho, mas não desmereça as conquistas. O nome disso é inveja!

5. Metas não vão mudar a sua vida.

Chega de metas. Já parou para refletir o quanto as metas que você traça para o próximo ano deixam você mais frustrado do que verdadeiramente motivado? Você não precisa de metas, precisa é se engajar e fazer o que tem que ser feito, mas com o olhar no lugar certo.

Você não precisa perder dez quilos! Você tem que aderir a um estilo de vida mais saudável que proporcione uma vida mais longa e com qualidade. Você não vai ficar milionário pulando sete ondinhas e desejando muito isso na virada do ano. Trabalhe com engajamento, mude seu modelo mental em relação a dinheiro e, somente assim, as coisas podem acontecer.

O trabalho dos sonhos não vai cair do céu porque você rezou com mais fé e escreveu isso na sua lista de metas. A sua carreira vai acontecer quando você se engajar, deixar o vitimismo de lado, assumir a responsabilidade e ter a coragem de fazer o que precisa ser feito.

Em resumo, chega de lista de metas. Elas não mudam a sua vida; o engajamento, sim. Comece agora a construção da vida que você deseja. Mas não com foco no resultado, e sim, no caminho. Não faça dieta, mude seu estilo de vida. Não busque o dinheiro a qualquer custo, mergulhe em algo que você queira fazer de verdade. Ou seja, em vez de metas, defina um propósito e se engaje nele como se não houvesse amanhã. Isso pode mudar a sua vida!

6. Você não vai gerar resultados o tempo todo.

Acostume-se com esse fato. Você não vai gerar resultados o tempo todo, nem em todas as áreas da sua vida. Essa é a má notícia. A boa notícia é que você não precisa fazer isso. Ninguém é 100% do tempo eficiente, competente, assertivo. Fazem parte do processo de construção de uma trajetória momentos de ascensão e frustração. O foco no resultado está destruindo muitas empresas, pois está deixando os profissionais doentes, depressivos e frustrados. Esteja pronto para os picos e vales que acompanham a sua carreira. Ambos são fontes inesgotáveis de aprendizado e maturidade. E lembre-se: você é um ser humano. Jamais se esqueça disso. Você não vai entregar resultado o tempo todo e, ainda assim, pode ser um ser humano brilhante.

7. Troque uma fórmula por um método.

Essas duas palavras se confundem, mas possuem características distintas. "Treine vinte minutos por dia e conquiste o corpo perfeito!", "Siga os cinco passos para ficar rico!", "Os cinco segredos para trabalhar menos e ganhar mais!". Isso são fórmulas — milagres à disposição de todos e muito bem embrulhados para presente.

Já o método precisa ser pensado, testado, analisado, e isso dá muito trabalho, certo? Errado. Em médio prazo, o método exige menos energia, pois é congruente com os seus valores e jeito de ser. Crossfit ou treino funcional? Dieta à base de proteína ou alimentação equilibrada? Ser um líder servidor ou justo? Se tentou encontrar respostas para essas perguntas, você está viciado nas fórmulas. Não existe resposta correta, existe o SEU método. Não existe fórmula para emagrecer, ficar rico, chegar ao topo, vender mais... PARE de buscar o milagre, invista seu tempo na construção do seu próprio método e trilhe um caminho coerente e consciente. O que funciona para você? O que faz você seguir em frente com disciplina e energia? Por fim, o que traz resultados para você?

Não confunda essas premissas com fórmulas. Não existe uma receita de bolo para elevar o potencial de alguém. Essas premissas apenas nos ajudam a manter o foco no lugar certo.

Conclusão

Concluir este livro me emociona e me completa. Consigo definir este momento com uma única frase: sentimento de dever cumprido.

A você, meu leitor, um único conselho: não acredite em tudo, não duvide de tudo e tenha uma única certeza: **o mundo corporativo continuará mudando e você precisará se reinventar hoje se quiser prosperar e alcançar a tão sonhada realização pessoal e profissional.**

Se o que apresentei puder ajudar você nessa jornada, terei completado a minha missão.

Se quiser compartilhar comigo as suas conquistas, terei um enorme prazer em receber notícias suas; é só me enviar um e-mail: ale@escolae3.com.br

Que Deus abençoe a sua jornada!

Alexandre Prates

Este livro foi composto na tipologia Palatino LT Std,
em corpo 11/16, e impresso em papel off-white,
no Sistema Cameron da Divisão Gráfica
da Distribuidora Record.